Numerologie und Tarot

Günter Hager

Numerologie und Tarot

Ein Handbuch nach den Schlüsseln des Prager Tarot

Urania Verlags AG

1. Auflage: 1. bis 5. Tausend 1992

ISBN 3-908644-84-4

Urania Verlags AG, CH-8212 Neuhausen
Gesamtherstellung: Schneelöwe, Aitrang

Printed in Germany

Inhaltsverzeichnis

Der Prager Tarot und das Mysterium der Zahl

Die Zahl fasziniert die Menschen – heute wie vor Tausenden von Jahren. Bereits die Ägypter und Babylonier verstanden es, kosmische Bewegungen bis in kleinste Einzelheiten auf Zahlenverhältnisse zurückzuführen und darzustellen. Auf diese großen Kulturvölker geht der Glaube an die Gesetzmäßigkeit einer heiligen Zahlenordnung als Gestaltungsprinzip allen Seins zurück.

Eine weitere, ebenso verbreitete Tradition, deren Ursprung sich in der Urzeit der Menschheitsgeschichte verliert, ist der Glaube an die geheimnisvolle Bedeutung des Namens. Namen sind demnach nicht "Schall und Rauch", sondern ein Stück Identität, sind Ausdruck von Wesen und Persönlichkeit des Namensträgers. In früheren Jahrhunderten war diese Überzeugung eine Selbstverständlichkeit. Für den Menschen von heute mögen andere Maßstäbe gelten – doch wer könnte sich dem romantischen Zauber uralten Menschheitswissens entziehen? Zumal wenn sich seine Geheimnisse verhältnismäßig leicht enthüllen lassen und über unser innerstes Wesen, unser Liebesleben und unseren persönlichen Werdegang überraschende Erkenntnisse versprechen.

Möglich wird dies durch eine Methode, die das Mysterium der Zahl und das Mysterium der Namen gleichermaßen zu entschlüsseln vermag: die Numerologie. Dieses Verfahren ist unkompliziert und zuverlässig. Es setzt – um es in zeitgemäßer Sprache auszudrücken – an die Stelle naiven Schicksalsglaubens die Berechnung eines individuellen Psychogramms. Attraktiv wird die Numerologie für Menschen von heute dadurch, daß sie intuitive Einsicht mit mathematischer Exaktheit verbindet. Damit bringt sie prägnant unsere moderne Denkungsart zum Ausdruck.

Und doch bleibt die Numerologie, wie sie im allgemeinen praktiziert wird, für die meisten so unzugänglich wie das sprichwörtliche "Buch mit den sieben Siegeln". Der Grund dafür ist naheliegend: Die numerologische Berechnung des Zahlenwerts eines Namens mag einfach sein, die psychologische Deutung des Ergebnisses dagegen erfordert fachmännische Versiertheit.

Doch gibt es einen Schlüssel, der es auch dem Nicht-Fachmann ermöglicht, sich die Geheimnisse der Numerologie problemlos zu erschließen. Dieser Schlüssel heißt Tarot. Die Bilderwelt des Tarot liefert den Zündfunken für die Inspiration, um die nüchtern-sachlichen Analysen der Numerologie in eine lebendige Vorstellung davon zu verwandeln, was in der Seele eines Menschen wirklich vor sich geht.

Es ist das Verdienst Günter Hagers, mit dem vorliegenden Buch eine Brücke zwischen Tarot und Numerologie geschlagen zu haben. Diese zwei klassischen Traditionen der Esoterik werden von ihm zu einer Synthese zusammengeführt, die durch gedankliche Konsequenz und beispielhafte Praxisnähe überzeugt. Die umfassende Erfahrung Günter Hagers als Kursleiter und Fachautor für Tarot fließt in dieses klar gegliederte und verständlich geschriebene Handbuch ein. Das macht es zu einer wahren Fundgrube sowohl für Anfänger als auch für Fortgeschrittene.

"Tarot und Numerologie" ist ein exemplarisches Werk für ein gewandeltes, neuzeitliches Selbstverständnis der Tarot-Esoterik. Demnach ist das Kartenlegen nicht in erster Linie Schicksalsdeutung im Sinne von Wahrsagerei, sondern echte Lebenshilfe. Deshalb werden in diesem Buch keine vorgefertigten, schematischen Deutungen der Karten aufgeführt. Stets ist der Autor um gedankliche Zwiesprache mit dem Leser bemüht. Es geht ihm darum, Hilfestellungen zu einer eigenständigen Selbstfindung des einzelnen zu geben. Nicht der Aufbau einer okkulten Überwelt steht im Mittelpunkt, sondern vertieftes Verstehen der Realität, die uns umgibt.

Mit dem Prager Tarot steht ein ideales Medium bereit, in dem die Synthese zwischen Numerologie und Tarot ihre Früchte tragen kann.

Erstens ist dies das einzige Tarot-Spiel, das die traditionellen Beziehungen zwischen den Zahlen und den Tarot-Motiven nicht hinter einem Schleier von Symbolen verbirgt, sondern sie offen und leicht erkennbar darlegt. Die Zuordnungen zwischen den Buchstaben des Alphabets und den Grundzahlen sind auf den Karten übersichtlich dargestellt. Damit ist erstmals eine numerologische Analyse des Personennamens ohne umständliches Nachschlagen in Tabellen, Lehrbüchern usw. möglich. Aus diesem Grund ist der Prager Tarot in besonderer Weise für Menschen geeignet, denen an einem praxisfreundlichen Tarot-Spiel gelegen ist.

Zweitens enthält der Prager Tarot eine erstaunliche Fülle esoterischer Emblematik und Symbolik – erstaunlich deshalb, weil dieses Spiel an sich so einfach und klar strukturiert ist. Seinen unverwechselbaren Charakter gewinnt es durch anmutige Bilder, die sowohl tiefgründige Mystik wie sinnenfrohe Unbeschwertheit, romantische Mittelalterlichkeit ebenso wie zeitgemäße Geradlinigkeit zum Ausdruck bringen. In dieser glücklichen Mischung fängt der Prager Tarot tatsächlich etwas vom einzigartigen Fluidum jener Stadt ein, die ihm seinen Namen gab.

Prag, die "Goldene Stadt", ist von jeher ein Zentrum der esoterischen Kultur des Abendlandes gewesen. Hier regierte Kaiser Rudolf II. von Habsburg (1552-1612), ein bedeutender Förderer der Alchemie und Astrologie. An seinem Hof wirkte unter anderem der englische Spiritist John Dee (1527-1608), der geistige Urahn der führenden Köpfe des Londoner Golden Dawn-Ordens, der um 1900 der neuzeitlichen Tarot-Esoterik entscheidende Impulse gab. Persönlicher Berater Kaiser Rudolfs II. war der Rabbi Jehuda Löw ben Besalel. Von ihm berichtet die Legende, er habe kraft seiner magischen Fähigkeiten einen künstlichen Menschen, den "Golem", erschaffen. Die kabbalistische Geheimwissenschaft wurde in der Prager Judenstadt jahrhundertelang im Verborgenen gepflegt, bis die Kunde vom Golem zu Anfang unseres Jahrhunderts durch den weltberühmten Roman "Der Golem" von Gustav Meyrink in alle Welt gelangte.

Die vielfältigen geschichtlichen Bezüge der Stadt Prag zu den esoterischen Traditionen Europas spiegeln sich im Ergebnis einer numerologischen Analyse ihres Namens wider:

P	R	A	H	A		
17+	20+	1+	8+	1	=	47
						4+7=11

Die numerologisch bedeutsame Zahl für die Stadt Prag ist demnach 11, die sogenannte "Meisterzahl", deren Bedeutung im vorliegenden Buch noch gebührend behandelt werden wird. Diese Zahl steht für eine faszinierende Ausstrahlungskraft und für Geheimnisse von großer Tiefe und Bedeutung.

In diesem Geiste und als Hommage an seine Vaterstadt schuf der Prager Künstler Jan Bouzek den Prager Tarot. Getreu dem Geist der alten Lehren fügte er die astrologischen, alchemistischen und kabbalistischen Elemente so in sein Werk ein, daß sie sich dem aufmerksamen und geduldigen Blick wie von selbst erschließen, einer oberflächlichen Betrachtungsweise jedoch verborgen bleiben. Auch dies entspricht dem Lebensgefühl der Stadt Prag: Man weiß um die Schätze der Vergangenheit, die sich in ihren Mauern befinden. Aber man weiß auch um die Verpflichtung, die es mit sich bringt, die Würde des geschichtlichen Erbes zu wahren.

Der Herausgeber

Einleitung

Lange Zeit stand ich der Numerologie skeptisch gegenüber. Die Literatur über dieses Thema erschien mir allzu oberflächlich – trotz aller Gedankentiefe des kabbalistischen Hintergrundes. Denn zur Kabbala fand ich aufgrund des religiösen Dogmas, das dahinterstand, keinen Zugang. Auch die für Kabbalisten so wichtige Idee vom "Baum des Lebens" sagte mir persönlich wenig. Dies war alles in allem eine Gedankenwelt, mit der ich mich nicht anzufreunden vermochte und die mir verschlossen blieb. Dennoch konnte ich mich der Faszination des Mysteriums der Zahl nicht entziehen. Gab es nicht auch andere Mittel und Wege, das Geheimnis zu entschlüsseln?

Da half mir der berühmte "Zufall" auf die Sprünge, eine jener alltäglichen Begebenheiten, deren Bedeutung erst im nachhinein bewußt wird. Im Jahre 1984 bekam ich zu Studienzwecken einen Prager Tarot geschenkt. Zunächst dachte ich nur: "Aha, wieder ein Tarot mehr in meiner Sammlung." Als ich mir dieses Spiel in einer ruhigen Stunde einmal sorgfältig anschaute, wurde meine Aufmerksamkeit jedoch sofort gefesselt. Und schlagartig wurde mir klar: Der Prager Tarot konnte mir endlich den Schlüssel zum Verständnis der Welt der Zahlen in die Hand geben!

Der Auslöser dafür war, daß die 22 Großen Arkana in diesem Spiel nicht – wie in anderen Tarots üblich – die traditionellen Kartentitel tragen. Stattdessen zeigt jede dieser Karten im Prager Tarot eine Zahl und ein bis zwei Buchstaben. Die Kombination von Zahlen und Buchstaben war mir schon aus der Numerologie bekannt. Eines jedoch war mir neu: Die Zuordnung von Zahlen und Buchstaben wurde durch die Symbolik des Tarot um eine weitere, sehr wichtige Dimension ergänzt. Nun begann ich, mit diesem Zuordnungssystem von Zahlen, Buchstaben und Karten zu experimentieren – zunächst spielerisch, dann ernsthaft. Dabei wurde ich zu Erkenntnissen geführt, die mich in Erstaunen versetzten.

Die meisten Menschen denken in Bildern. Auch Gefühle und Erinnerungen, im Grunde jede Art von mentaler Tätigkeit ist mit Bildern verbunden und erhält durch Bilder erst Kraft und Leben. Dies ist der Grund, warum der Tarot allen Menschen etwas zu "sagen" hat: weil er durch Bilder zu uns "spricht" – Bilder, die ohne den Umweg über das gesprochene oder geschriebene Wort den direkten Weg in unsere Seele finden. Natürlich wußte ich dies, hatte ich mich doch schon viele Jahre mit Tarot beschäftigt und waren diese Karten doch längst ein wichtiger Teil meines Lebens geworden. Aber jetzt, da ich den Prager Tarot in Händen hielt, gewann diese Erkenntnis auf einmal wieder höchste Aktualität. Denn aus dem Verständnis für die Bilder des Tarot heraus erfüllte sich auch die Welt der Zahlen für mich jetzt mit Sinn und Leben. Mit Hilfe der Tarot-Karten konnte ich mir endlich Schritt für Schritt die Geheimnisse der Numerologie erschließen.

Ich begann nun, tiefer in die Materie einzudringen, um die Eigenschaften der Zahlen und Zahlensysteme zu ergründen. Dabei erfuhr ich auf eindrucksvolle Art und Weise, daß die Numerologie sehr hilfreich dabei sein kann, das eigene Leben bewußt und erfüllt zu leben. Mit Hilfe der Numerologie kann man sich selbst und andere Menschen besser verstehen lernen, man kann Probleme rechtzeitig erkennen und Lösungen dafür finden.

Dieses Buch ermöglicht den Einstieg in die Praxis der Numerologie mit Hilfe des Tarot. Es liefert Ihnen keine fertigen Rezepte, denn das würde dem Geist echter Menschenkenntnis und wahrer Lebenskunst widersprechen. Seine grundlegende Tendenz entspricht dem Wort eines großen Meisters, der sinngemäß gesagt hat, daß man ausschließlich die Methode vermitteln, nicht aber die Resultate vorschreiben kann. Wirkliche Resultate, die im Leben Bestand haben, können nur durch eigene Erfahrungen erzielt werden.

Lassen Sie sich also von diesem Buch inspirieren, selbst kreativ zu sein! Wagen Sie ein spielerisches Experiment mit Karten und Berechnungsmethode, so wie ich selbst es auch getan habe! Gewiß werden Sie Ihre eigenen Erfahrungen machen und dadurch auch eigene Einsichten gewinnen.

Was ist Numerologie?

Die Numerologie ist eine Methode zur Persönlichkeits- und Schicksals-Analyse, die auf eine sehr lange Tradition zurückblickt. Über die Jahrhunderte hinweg waren mehrere Bezeichnungen dafür gebräuchlich. Die bekanntesten sind:

Arithmomantie
Wörtlich übersetzt "Weissagung durch Rechnen"; mit diesem sehr allgemeinen Begriff wird deutlich gemacht, daß es von jeher auch Systeme gegeben hat, bei denen die numerologische Zukunftsschau nicht notwendigerweise mit der Analyse der Personennamen verknüpft war, sondern allein aus bestimmten Zahlen vorgenommen wurde (z. B. den Zahlen des Geburtsdatums oder des aktuellen Datums).

Onomatomantie
Wörtlich "mit Hilfe von Zahlen vorgenommene Weissagung aus dem Namen"; damit wird diejenige Variante der Numerologie bezeichnet, die sich seit dem Mittelalter einbürgerte und heute wohl die verbreitetste numerologische Methode darstellt.

Kabbala
Wörtlich "Überlieferung"; eigentlich wird damit die Gesamtheit der mystischen Traditionen des Judentums bezeichnet. Da die Zahlenmystik darin stets eine hervorragende Rolle gespielt hat, bürgerte sich der Begriff "Kabbala" seit dem 18. Jahrhundert allmählich auch für die Numerologie im engeren Sinne ein.

Heute bevorzugt man allgemein den Begriff "Numerologie", wenn man von einer Methode der Schicksals- und Persönlichkeitsanalyse spricht, deren Grundlage ein bestimmtes System der gegenseitigen Zuordnung von Zahlen und Buchstaben ist. Damit lassen sich Wörter in Form von Zahlenreihen ausdrücken. Diese "Wortzahlen" können wiederum mit Hilfe der esoterischen Bedeutung der Zahlen interpretiert werden. Demzufolge läßt auch ein Personenname Rückschlüsse über den Menschen zu, der diesen Namen trägt.

In der Antike war die Numerologie sozusagen ein Stück Alltagspsychologie. Es waren die Phöniker, die die erste Buchstabenschrift der Welt entwickelten, und zwar auf der Basis eines Alphabets, das 22 Buchstaben hatte. Sie waren es auch, die als erste den Buchstaben Zahlen zuordneten. Die heutige Numerologie beruht im großen und ganzen auf einem System, das die Griechen auf der Basis des phönikischen Vorbilds entwickelten. Übrigens entwarfen die Griechen mindestens vier verschiedene Systeme, um Zahlen und Buchstaben einander zuzuordnen. Eines davon übertrugen jüdische Kabbalisten auf die Verhältnisse des hebräischen Alphabets. Entgegen einer weit verbreiteten Meinung ist es jedoch nicht diese "hebräische" Variante, die der modernen Numerologie zugrunde liegt. Vielmehr entstanden auf der Grundlage der griechischen Systeme im Laufe der Zeit eine ganze Reihe von Unter-Systemen. Dementsprechend weichen die Deutungen von Buchstaben und Zahlen teilweise ganz erheblich voneinander ab.

Offensichtlich ist die Frage, welches System "richtig" und welches "falsch" ist, nicht korrekt gestellt. Man sollte eher fragen: Welches System ist in welchem Zusamenhang das richtige? Übergreifende Aspekte – wie z. B. der Bezug zu anderen esoterischen Disziplinen, etwa Tarot oder Astrologie – dürfen dabei nicht außer acht gelassen werden.

Das Zuordnungssystem zwischen Zahlen und Buchstaben, wie wir es im Prager Tarot vorfinden, ist eigens auf die Gegebenheiten der Symbolwelt des Tarot abgestimmt. Es beruht auf einem Buch mit dem Titel "Tarot", verfaßt von dem Prager Mystiker und Philosophen Pierre Lasenic (Petr Kohout; 1900-1945), das im Jahre 1938 erschien. Dieses heute leider nur noch Fachleuten bekannte, grundlegende Werk wurde in der Tradition der berühmten Pariser Tarot-Schule verfaßt. Deren namhafteste Vertreter waren Éliphas Lévi, Paul Christian und Papus. Die Zuordnung von Zahlen, Buchstaben und Karten im Prager Tarot geht letztlich auf die grundlegenden Studien von Éliphas Lévi zurück, der als Vater der Tarot-Kabbalistik gilt. Mit seinem System schuf er eine Synthese zwischen den überlieferten Zahlenwerten der hebräischen Buchstaben und der Numerierung der Großen Arkana des Tarot. Dieses System läßt sich auch auf die Buchstaben des lateinischen Alphabets übertragen und bildet den Ausgangspunkt für die numerologische Interpretation des Tarot.

Doch grau ist alle Theorie! Worauf es ankommt, ist die Fähigkeit des Numerologen, seine Methoden inspiriert anzuwenden.

Bevor wir uns ganz der Praxis widmen, wollen wir noch kurz auf die Frage eingehen, warum in der Numerologie dem Namen eines Menschen eine so hervorgehobene Bedeutung eingeräumt wird. Sind Namen denn wirklich so wichtig? Wie kommt es, daß man daraus so viel erkennen kann?

Um es vorweg zu sagen: Eine erschöpfende Erklärung kann auch hier nicht dafür gegeben werden. Tatsache bleibt jedoch, daß die numerologische Namensanalyse verblüffende Erkenntnisse über das Wesen eines Menschen, seinen Lebensweg und seine Beziehungen zu anderen Menschen ermöglicht. Um diese geheimnisvolle Beziehung zwischen Persönlichkeit und Personenname besser zu verstehen, sollten wir uns kurz einige Dinge ins Gedächtnis rufen, die leicht in Vergessenheit geraten:

- Allein der Klang eines Namens ruft im Hörer einen bestimmten Eindruck hervor, er weckt Assoziationen bei ihm und beeinflußt seine Stimmung auf subtile Weise. Deshalb verbinden wir mit einem Namen, ohne uns dessen bewußt zu werden, unweigerlich bestimmte Gefühlsinhalte, Empfindungen, Erinnerungen usw.
- Es ist nicht nur einfach eine Mode, daß Eltern ihren Kindern Namen geben, die gerade "aktuell" sind. Vielmehr entspringt diese Gepflogenheit womöglich einem tieferliegenden, unbewußten Wunsch, nämlich das Kind an der magisch-mythischen Kraft eines Namens teilhaben zu lassen. Die althergebrachte Sitte, dem Kind den Namen eines Heiligen zu verleihen und damit dessen Schutz für das Kind zu erwirken, ist ein Beispiel dafür, wie tief diese Überzeugung selbst in unserer rationalistischen Kultur noch im Menschen verwurzelt ist.

- Bei den Naturvölkern wurde und wird dem Namen einer Person eine besondere Bedeutung beigemessen. Er ist nicht nur Ausdruck der Identität des Trägers als menschliches Wesen – nein, er ist diese Identität selbst: Name und Seele sind im wörtlichen Sinne "identisch" miteinander, denn nach altem Glauben gerät die Seele eines Menschen in ewige Verdammnis, wenn er seinen Namen verliert. Aus diesem Grund wurde der wirkliche Name eines Menschen in bestimmten Kulturen geheimgehalten. Andere sollten nicht die Möglichkeit bekommen, über den Betreffenden mit Hilfe seines Namens magische Macht zu bekommen.
- Die moderne Wissenschaft verweist solche Vorstellungen selbstgewiß in den Bereich finstersten Aberglaubens. Könnte es aber nicht auch sein, daß die Wissenschaft einfach (noch) nicht über die Instrumente verfügt, den Wahrheitsgehalt der alten Überzeugungen zu erkennen und die Tauglichkeit überlieferter Methoden der Persönlichkeitsbeurteilung nachzuweisen?
- Auch unsere Kultur zeigt noch Spuren des alten Brauches, Namen zu "verstecken". Nehmen wir z. B. das Phänomen des Künstler-Pseudonyms. Es wird meistens damit erklärt, daß der richtige Name einer Person in vielen Fällen der Popularität des oder der Betreffenden schaden würde. Das mag richtig sein – es beweist jedoch letztlich nur, wie wichtig und bedeutungsvoll uns die Namen auch heute noch sind. Wie kaum etwas sonst stehen sie für das gewisse Etwas, das die Person zur Persönlichkeit macht.

Methodik der Numerologie

Von den Buchstaben zu den Zahlen

Wir orientieren uns an den Zuordnungen von Buchstaben und Zahlen im Prager Tarot. Um von den Buchstaben eines Personennamens zu einer interpretationsfähigen Zahl zu gelangen, sind nur zwei Schritte nötig:

Schritt 1
Die Buchstaben des Namens werden in ihre Zahlwerte übertragen und diese dann miteinander addiert.

Schritt 2
Es wird die **Quersumme** aus der Summe der Zahlwerte gebildet. Ist das Ergebnis eine mehrstellige Zahl, wird davon erneut die Quersumme ermittelt. Ist das Ergebnis erneut eine mehrstellige Zahl, wird abermals so verfahren. Das endgültige Ergebnis muß eine einstellige Zahl sein. Sie wird die **Einzahl** oder **Monade** genannt und stellt den ursprünglichen und unveränderlichen Wesenskern dar, der sich hinter dem Namen verbirgt.

Ein Beispiel:
Die Summe der Zahlwerte sei 78. Die Quersumme aus 78 wird gebildet durch 7 + 8 = 15. Die Quersumme aus 15 ergibt sich aus 1 + 5 = 6. Die Monade von 78 ist also die Zahl 6.

Im übrigen wird das Verfahren der Quersummenbildung auch in der Mathematik benutzt: als "Beweis durch 9", mit dem Rest als der gesuchten Zahl.

Auf unser Beispiel angewendet:
78 : 9 = 8 Rest 6

Nunmehr kommen wir zum Schema der Zuordnungen von Buchstaben und Zahlen nach dem Prager Tarot. Es wurde von mir durch Zahlenwerte für die Umlaute Ä, Ö und Ü sowie für W und ß ergänzt. Die Werte für die Umlaute ergaben sich durch Addition des Wertes ihres jeweiligen Grundvokals mit dem Wert des Buchstabens E (Ä=AE, Ö=OE, Ü=UE). Für W wurde derselbe Wert wie für V angesetzt, wie es auch in den mittelalterlichen Systemen üblich war; ß wird wie SS (Doppel-S) behandelt:

A	**B**	**C**	**D**	**E**	**F**	**G**	**H**	**I**	**J**	**K**	**L**	**M**	**N**
1	2	18	4	5	17	3	8	10	10	11	12	13	14

O	**P**	**Q**	**R**	**S**	**T**	**U**	**V**	**W**	**X**	**Y**	**Z**
19	17	19	20	15	9	6	6	6	21	16	7

Ä	**Ö**	**Ü**	**ß=ss**
6	24	11	30

Ein Beispiel für die Berechnung der Monade nach diesem Schema:

G Ü N T E R
3 + 11 + 14 + 9 + 5 + 20 = 62
6 + 2 = 8

H A G E R
8 + 1 + 3 + 5 + 20 = 37
3 + 7 = 10
1 + 0 = 1

8 + 1
= 9

Oder in etwas anderer Berechnungsweise:

62 + 37 = 99
9 + 9 = 18
1 + 8 = 9

Eigen-Zahl, Stamm-Zahl und Persönlichkeits-Zahl

Um die menschliche Natur in ihrer Ganzheit zu erfassen, bedarf es einer differenzierten Sichtweise. Dieser Anforderung trägt die Numerologie Rechnung, indem nicht nur eine einzige, sondern mehrere Zahlen aus dem Personennamen gewonnen werden. Zum einen muß jede einzelne dieser Zahlen sorgsam für sich betrachtet werden, zum anderen müssen sie alle zusammen – sozusagen als Zahlenkonstellation – ausgewertet werden. Nur in der Gesamtschau aller Zahlen eines Menschen gewinnt man über ihn ein abgerundetes Bild.

Es sind drei verschiedene Zahlen, auf die wir unsere Aufmerksamkeit zu richten haben:

1. Die Eigen-Zahl
wird aus dem Vornamen gebildet und gibt Aufschluß über das individuelle Wesen eines Menschen. Sein ureigenes, ganz persönliches Ich ist der Bezugsrahmen dieser Zahl. Deshalb nennen wir sie die Eigen-Zahl. Im obigen Beispiel ist es die Zahl 8.

2. Die Stamm-Zahl
wird aus dem Nachnamen gebildet und gibt Aufschluß über das soziale Ich eines Menschen. Der Bezugsrahmen dieser Zahl ist das Verhältnis des einzelnen zur Gruppe, des “Ich” zum “Du” bzw. “Wir”. Deshalb nennen wir sie die Stamm-Zahl. Im obigen Beispiel ist es die Zahl 1.

3. Die Persönlichkeits-Zahl
wird aus Eigen-Zahl und Stamm-Zahl gebildet. Sie ist die Synthese dieser beiden Zahlen. Deshalb symbolisiert sie die Gesamtpersönlichkeit eines Menschen, die sich aus verschiedenen Elementen zusammensetzt. Im obigen Beispiel ist es die Zahl 9.

Wohlgemerkt:

- Nur indem Sie alle drei Zahlen heranziehen, erhalten Sie umfassende Erkenntnisse über alle Bereiche der menschlichen Persönlichkeit.
- In unserem Beispiel ist es die Gesamtheit der Zahlen 1, 8 und 9, die entsprechend gewürdigt werden muß.

Das Zusammenwirken dieser drei Zahlen ist folgendermaßen zu erklären: Die 9 hat sich aus den vereinigten Qualitäten von 1 und 8 ergeben (nicht etwa aus 4 und 5 oder aus 3 und 6!), und deshalb sind die Eigenschaften von 1 und 8 von wesentlicher Bedeutung für die spezifische Qualität der 9. Außerdem gilt: Die 9 als Einheit von 1 und 8 wirkt wiederum auf diese beiden zurück; d. h. das individuelle Wesen und das soziale Ich des Betreffenden wird durch die 9 mitgeprägt.

Auf diese Weise wird das Netzwerk der Beziehungen von inneren und äußeren Faktoren sichtbar, in dem sich Wesen und Persönlichkeit eines Menschen entfalten. Anhand praktischer Beispiele wird dies noch deutlicher werden.

Bliebe die Betrachtung hingegen auf die Persönlichkeits-Zahl beschränkt, so würden wichtige Zusammenhänge ebenso unter den Tisch fallen wie viele Feinheiten, die unserem Bild von einem Menschen erst Farbe und Kontur verleihen. Genau an diesem Punkt erweist es sich, ob eine numerologische Analyse den Anspruch erheben darf, wirklich seriös und realitätsbezogen zu sein.

Interpretation von Zahlen mit Hilfe des Tarot

Versuchen Sie einmal, das bisher Gesagte anhand des obigen Beispiels anschaulich nachzuvollziehen. Nehmen Sie dabei die entsprechenden Tarot-Karten zur Hilfe, und greifen Sie auch auf die Analyse ihrer Symbolik auf den Seiten 32, 53 und 56 zurück. Legen Sie die Karten in dem Schema aus, wie es in untenstehender Grafik illustriert wird. Versuchen Sie nun, anhand der Tarot-Bilder den Entwicklungsweg von der 1 und 8 zur 9 nachzuvollziehen.

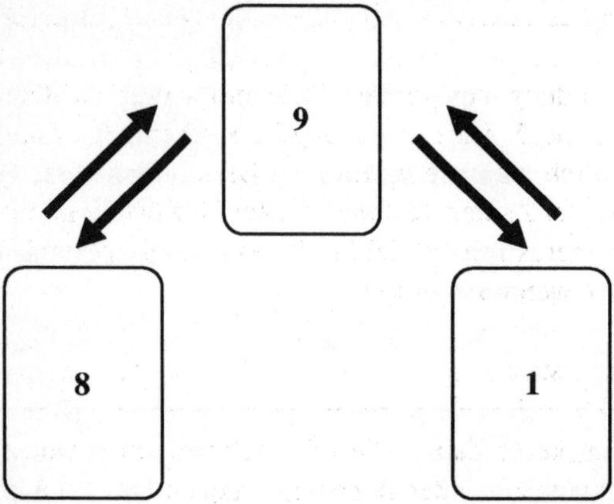

Jetzt machen Sie die Gegenprobe: Tauschen Sie jene beiden Karten aus, die das individuelle Wesen bzw. das soziale Ich repräsentieren. Nehmen Sie statt der 1 die 6 und statt der 8 die 3. Versuchen Sie wiederum, die Entwicklung nachzuvollziehen, die zur 9 führt. Sobald Sie mit den Bildern und Aussagen der Tarot-Karten ein wenig vertraut sind, werden Sie leicht feststellen, daß es sich hierbei um eine völlig andere Konstellation handelt als im ersten Beispiel!

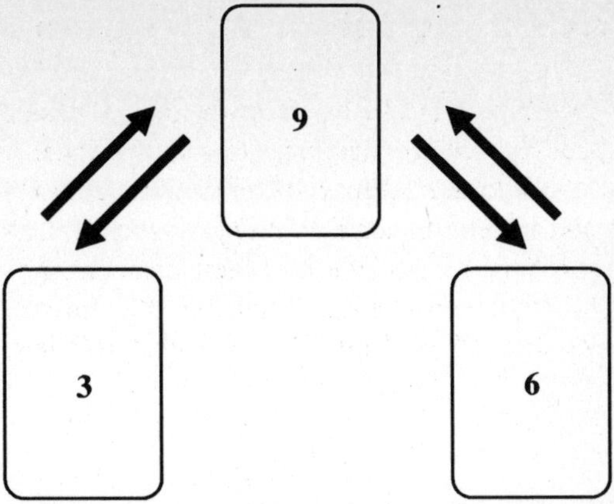

Die Verwendung des Prager Tarot erleichtert es dem Anfänger ungemein, diese Zusammenhänge zu erkennen. Man kann sich damit nämlich gleichzeitig mit den Bildern des Tarot und mit der Bedeutung der Zahlen vertraut machen. Natürlich können Sie aber auch ein anderes Tarot-Spiel für dieses und die folgenden Beispiele verwenden, wenn Sie wollen.

Wir halten fest:

- Es darf keine Zahl isoliert für sich betrachtet werden, da sie sich stets aus anderen Zahlen ergeben hat. Eine Zahl steht zunächst im Verhältnis zu einer anderen Zahl, bevor sie über die Quersummenbildung zur Einzahl oder Monade führt.
- Es ist von großer Bedeutung, aus welchen aller möglichen Zahlen die Persönlichkeits-Zahl gebildet wird.
- Ferner ist es von Bedeutung, welche der beiden Zahlen, die zur Persönlichkeits-Zahl zusammenfallen, die Eigen- und welche die Stamm-Zahl ist: 8 und 1 sind also, wenn Sie so wollen, nicht dasselbe wie 1 und 8!

Dies ist keine Haarspalterei, sondern dadurch werden wichtige Nuancen im vielschichtigen Selbstausdruck der menschlichen Persönlichkeit deutlich. Selbst wenn die Summen verschiedener Zahlen letztlich auf ein und dieselbe Einzahl führen, bleibt deren numerologische Qualität doch jeweils verschieden. Man kann diesen Sachverhalt auch anhand eines einfachen Vergleichs ausdrücken: Jedes Buch ist ein Buch; es ist und bleibt jedoch ein Unterschied, ob es ein Bilderbuch oder ein Roman, ein Sachbuch oder eine Sammlung von Gedichten, ein Lexikon oder eine Autobiographie ist.

All diese Aspekte müssen beachtet und in die Analyse aufgenommen werden. Deshalb wird sich bei Personen desselben Namens auch die individuelle Lebenspraxis unterschiedlich darstellen.

An dieser Stelle möchte ich Sie unbedingt vor einer scheinbar naheliegenden Schlußfolgerung warnen, der jedoch ein fataler Denkfehler zugrunde liegt. Mit einem Wort: Der Mensch ist nicht so, wie er ist, weil er bestimmte Zahlen "hat". Vielmehr ist er so, wie er ist – und das findet seinen natürlichen Ausdruck, seine adäquate Entsprechung in den Zahlen.

Verschiedene Schreibweisen und Arten von Namen

Ein und derselbe Name wird oft auf unterschiedliche Art und Weise buchstabiert. Auch kann ein und dieselbe Person mit unterschiedlichen Namen benannt werden. Hierzu beachten Sie bitte folgendes:

Schreibweise
Gehen Sie stets von jener Schreibweise aus, die von Ihnen selbst als natürlich empfunden wird. Wenn z. B. in Ihren Papieren "Sibylle" mit "y" steht, Sie selbst aber "Sibille" am liebsten mit "i" schreiben, dann ist Ihre persönliche Schreibweise maßgebend. Gehen Sie bei der numerologischen Analyse also von der Schreibweise "Sibille" aus. Für alle anderen Wörter (siehe S. 80 ff.) benutzen Sie bitte die gebräuchliche Schreibweise.

Doppelnamen
Nehmen wir z. B. "Hans-Georg"; verwendet wird davon nur "Hans". Vergleichen Sie beide Versionen in der numerologischen Analyse miteinander. Sie werden dabei womöglich herausfinden, warum Sie die eine Version bevorzugen, die andere jedoch spontan ablehnen.

Kurzformen
Zum Beispiel "Alex" von "Alexander" und "Susi" von "Susanne" – auch hier lohnt ein Vergleich beider Versionen.

Spitz-, Über- oder Kosenamen
Auch sie ermöglichen einen interessanten Vergleich mit dem bürgerlichen Namen. Oft wird uns dadurch klarer, wie wir von den anderen gesehen werden.

Angenommene Namen
Haben Sie durch Heirat einen anderen Namen angenommen, so überprüfen Sie ebenfalls die numerologische Aussage des früheren und des jetzigen Namens. Schauen Sie, was sich an den Zahlen verändert hat und wie Sie selbst sich seither verändert haben.

Titel

Adelstitel wie “Graf”, “Freifrau” usw. bleiben zunächst unberücksichtigt. Eine ergänzende Analyse kann dann Stand, Rang, Beruf, akademische Titel u. a. m. einbeziehen. Numerologisch unberücksichtigt bleiben auch Namenszusätze wie “von”, “de”, “van” usw. Sie gehören zwar offiziell zum Namen einer Person, wurden ursprünglich aber lediglich zur Herkunftsbezeichnung benutzt. Wenn allerdings ein “von” mit dem eigentlichen Namen zusammengezogen wurde – wie in “Vonhof”, “Vonhoegen” oder “Vonolfen” –, wird es natürlich numerologisch mitberücksichtigt.

Der Tarot in der Numerologie

Das Tarot-Kartenblatt und die Bedeutung der Großen Arkana für die Numerologie

Ein Tarot-Spiel besteht aus 78 oder 54 Karten, die in zwei große Gruppen gegliedert sind:

22 fortlaufend numerierte **Große Arkana** (vom lateinischen Wort *arcanum*, das Geheimnis). Jedes Große Arkanum ist traditionell mit einem besonderen Motiv illustriert, das der Karte ihren Namen gibt (DER MAGIER, DIE HOHEPRIESTERIN usw.)

56 oder 32 **Kleine Arkana**, die sich wiederum in 4 Untergruppen einteilen lassen, ähnlich den Spielfarben gewöhnlicher Spielkarten:

Stäbe	(Kreuz, Eichel)
Schwerter	(Pik, Blatt)
Kelche	(Herz)
Scheiben	(Karo, Schelle)

Jede dieser vier Untergruppen bzw. Spielfarben besteht aus **Hofkarten** und **Zahlenkarten**. Die Hofkarten heißen König, Königin, Ritter und Bube (in manchen Spielen Ritter, Königin, Prinz und Prinzessin). In den Tarot-Spielen zu 78 Blatt gibt es in jeder Spielfarbe 10 Zahlenkarten in fortlaufender Reihenfolge vom As (Eins) bis zur Zehn. In den Spielen zu 54 Blatt sind die Zahlenkarten von der 5 bis zur 10 fortgelassen.

Der Prager Tarot hat ein 54er Blatt. Dies hat historische Gründe. Die Stadt Prag gehörte jahrhundertelang zum deutschsprachigen Kulturraum, in dem das alte Kartenspiel Tarock seit dem 18. Jahrhundert durchweg mit einem 54er Blatt betrieben wurde. "Tarock" ist übrigens eine alte deutsche Ableitung des italienischen Wortes *tarocchi*. "Tarot" ist die französische Wortform, die sich mittlerweile weltweit durchgesetzt hat.

Im Mittelpunkt dieses Arbeitsbuches stehen die 22 Großen Arkana des Tarot. Sie sind vorzüglich für die Synthese von Numerologie und Tarot-Praxis geeignet. Der innere Aufbau dieser Kartengruppe ermöglicht eine direkte Verknüpfung von Buchstaben und Zahlen, wie sie für die numerologische Analyse grundlegend ist. Ein weiterer Vorteil besteht darin, daß der Deutungshorizont jedes einzelnen Großen Arkanums weit genug ist, um der Vielfalt und Tiefe des menschlichen Wesens Rechnung zu tragen. Nicht zuletzt ist durch die Verwendung von nur 22 Karten gewährleistet, daß die Aufmerksamkeit auf das Wesentliche gerichtet bleibt.

Eine numerologische Methodik, die auch noch die Kartengruppe der Kleinen Arkana einbezieht, ist natürlich ebenfalls denkbar. Sie bringt jedoch ein komplexes Netzwerk von Zahlenverknüpfungen und systembedingten Querverbindungen mit sich. Damit kann zwar eine außerordentliche Fülle von Informationen über einen Menschen gewonnen werden. Die Gefahr ist jedoch groß, daß dabei der Blick auf die Ganzheit der Persönlichkeit verstellt wird. Deshalb sollte die numerologische Tarot-Praxis unter Verwendung des gesamten Kartenblatts dem fortgeschrittenen Praktiker vorbehalten bleiben. Die Erfahrung lehrt, daß diese Stufe des Arbeitens mit den Karten um so müheloser erklommen wird, je sorgfältiger die "Grundausbildung" mit den Großen Arkana vorgenommen wurde. Schritt für Schritt wird man dann dazu übergehen, auch die Kleinen Arkana hinzuzunehmen. Wie das im einzelnen geschieht, ist im Grunde eine Sache des persönlichen Geschmacks, da es hierfür keine allgemein verbindlichen – oder durch die Tradition vorgegebenen – Mittel und Wege gibt.

Die Großen Arkana im Prager Tarot führen, wie gesagt, keine Kartentitel, sondern ausschließlich Zahlen und Buchstaben. Der Deutlichkeit halber folgt hier eine Aufstellung aller 22 Titel der Großen Arkana. Wie so oft beim Tarot, gibt es auch hinsichtlich der Titulierungen dieser Kartengruppe von Spiel zu Spiel gewisse Unterschiede. Die damit verbundenen Streitfragen können und sollen hier nicht gelöst werden. Die Titel in dieser Aufstellung und in den Überschriften der nachfolgenden Abschnitte über die Bedeutungen der Karten richten sich nach allgemein üblichen Gepflogenheiten.

0 - DER NARR
1 - DER MAGIER
2 - DIE HOHEPRIESTERIN
3 - DIE HERRSCHERIN
4 - DER HERRSCHER
5 - DER HOHEPRIESTER
6 - DIE LIEBENDEN
7 - DER WAGEN
8 - GERECHTIGKEIT
9 - DER EREMIT
10 - RAD DES SCHICKSALS
11 - KRAFT
12 - DER GEHÄNGTE
13 - TOD
14 - MÄSSIGKEIT
15 - DER TEUFEL
16 - DER TURM
17 - DER STERN
18 - DER MOND
19 - DIE SONNE
20 - GERICHT
21 - DIE WELT

Das Kapitel *Die Grundzahlen von 1 bis 9 (Monaden) und die 22 Großen Arkana des Tarot* stellt grundlegende Informationen bereit, um die menschlichen Wesenszüge, die durch die Großen Arkana des Tarot sinnbildlich ausgedrückt werden, auf die neun Grundzahlen zu beziehen. Dadurch wird die gedankliche Brücke zwischen Tarot und Numerologie geschlagen.

Selbstverständlich sind dabei auch die Karten, deren Ordnungszahl größer als 9 ist, einbezogen. Auch hier wieder ein Beispiel, um die besondere Rolle der Großen Arkana 10 bis 21 im System der Numerologie zu verdeutlichen:

Gehen wir dazu von den Zahlen 7 und 8 aus, deren Summe 15 ist. Dieser Zahl ist unter den Großen Arkana die Karte DER TEUFEL zugeordnet. Um zur Monade zu gelangen, müssen wir die Quersumme von 15 bilden: 1+5=6; also ist das Große Arkanum 6 - DIE LIEBENDEN die Karte, die der gesuchten Monade entspricht. Um dieses Ergebnis differenziert zu betrachten, müssen wir dabei auch die Karte 15 - DER TEUFEL hinzunehmen, denn der Weg zur 6 führte über die 15. Für die Interpretation bedeutet das: Die Qualität der 6 ist durch die Qualität des Großen Arkanums 15 - DER TEUFEL erweitert und betont.

Auf diese Art und Weise wird eine Deutung auch der tieferen Schichten einer Persönlichkeit möglich, denn die Großen Arkana mit einer Ordnungszahl größer als 9 weisen stets auf tiefverwurzelte seelische Inhalte hin. Damit berühren wir die Innenwelt des Menschen, d. h. es werden auch die unbewußten Strebungen innerhalb der Persönlichkeitsstruktur angesprochen. Menschen, für die jene Zahlen bzw. Karten von Belang sind, haben es im Leben auf den ersten Blick oft etwas schwerer. Doch erhalten sie dadurch auch die Chance, eher als andere zu sich selbst und zu ihrem innersten Wesenskern zu finden.

Für die numerologische Analyse ist es also von erheblicher Bedeutung, daß alle beteiligten Zahlen von 10 bis 21 auf die oben beschriebene Art und Weise berücksichtigt werden, bevor im nächsten Schritt die Monade ausgewertet wird.
An dieser Stelle ein sehr wichtiger Hinweis:

- **Jede Karte des Tarot bedeutet an und für sich weder Gutes noch Schlechtes im Leben!**

Die Aussagen des Tarot sind im Grunde stets objektiv, wertfrei und neutral. Eine Bewertung im Sinne von gut oder böse, angenehm oder unangenehm usw. nimmt immer erst der Betrachter selbst vor, und zwar vor dem Hintergrund seines persönlichen Wertsystems, seiner Erfahrungen und Erwartungen. Die Karten umschreiben immer nur einen bestimmten Themenkreis, der durch ein Bild symbolhaft dargestellt wird. Erst indem zwischen den Bildern ein Zusammenhang hergestellt und auf die betreffende Person bezogen wird, führt die Kartendeutung zu einer Gewichtung im Sinne einer förderlichen bzw. nachteiligen Gegebenheit, Situation, Tendenz oder ähnlichem. Noch eines möchte ich Ihnen mit auf den Weg geben: Unterschätzen Sie im Umgang mit dem Tarot niemals die Rolle der Intuition! Glücklicherweise erleichtern die Tarot-Karten uns den Zugang zur eigenen Intuition – man könnte sogar sagen, daß dies ihre eigentliche Aufgabe ist.

- Versuchen Sie, sich in die Bilder hineinzuversetzen. Lassen Sie dabei Ihrer Phantasie freien Lauf.
- Beschreiben Sie erst einmal für sich selbst, was Sie auf den Bildern sehen. Anschließend werden Ihnen die folgenden Texte Orientierungshilfen geben, um die Symbolik jedes Bildes zu entschlüsseln.
- Wenn Sie sich an diesen Ablauf halten, wird es Ihnen möglich sein, das Ergebnis der numerologischen Berechnung mit konkreter Bedeutung zu erfüllen.

Die Grundzahlen von 1 bis 9 (Monaden) und die 22 Großen Arkana des Tarot

Monade

1

Große Arkana:
1 - DER MAGIER
10 - RAD DES SCHICKSALS
19 - DIE SONNE

Astrologische Zuordnungen:
Sonne, Merkur

1 - DER MAGIER
symbolisiert den Anfang, aus dem heraus alles gestaltet wird. Er ist sich seiner schöpferischen Fähigkeiten bewußt und weiß, wie er sie sinnvoll und nutzbringend einsetzen kann. Flexibel stellt er sich auf neue Situationen ein, versiert trägt er veränderten Bedingungen Rechnung. Er sucht seine Chance und schafft sich Entfaltungsmöglichkeiten, die ihm Spielraum für kreatives, spielerisches Tun ermöglichen. Er vermag seine Fähigkeiten, Mittel und Methoden nach Bedarf einzusetzen und mit wenig Aufwand das Optimum zu erreichen.

10 - RAD DES SCHICKSALS
Als sich bewegendes Rad drückt es Veränderung aus. Hier wird das Individuum im untrennbaren Zusammenhang mit seiner Umwelt und der Ganzheit des Lebens dargestellt. Dementsprechend bezieht sich diese Karte auf Veränderungen, die nicht nur den einzelnen Menschen betreffen, sondern auch seine Lebenswelt. Je vollkommener sich Innen und Außen im Einklang befinden, um so weitreichender und positiver sind die Auswirkungen. Damit verweist das Rad auch auf die "Gunst der Stunde", auf eine Chance, die sich bietet. Dadurch wird die Abhängigkeit von der momentanen Situation offenkundig: Es ist wichtig, zur rechten Zeit am rechten Ort sein.

19 - DIE SONNE
ist das Sinnbild für das Zentrum allen Lebens, für jene unerschöpfliche Kraftquelle, ohne die jedwedes Wachstum und Gedeihen unmöglich wäre. Dies ist das Prinzip der sich selbst erneuernden Energie, des Neubeginns und Reifens aller Entwicklungsvorgänge. Diese Wachstums-Energie ist unerläßlich für unsere Vitalität und Lebensfreude. Daraus folgt, daß Erhaltung oder Wiedererlangung der Gesundheit von besonderer Wichtigkeit im Leben der betreffenden Person sind. Sie ist gut beraten, nichts überstürzt anzugehen, sondern mit den eigenen Kräften hauszuhalten. Bevor der nächste Lebensschritt unternommen wird, sollten die Dinge reifen. Vertrauen in die heilenden Wirkungen der Lebensenergie ist angebracht.

Schlußfolgerungen

Die Wesenszüge, die durch die 1 ausgedrückt werden, können sich auf sehr vielfältige Weise nach außen darstellen. Um sie konkret zu erfassen, muß man ganz besonders sorgfältig darauf achten, welche weiteren Zahlen beteiligt sind.

Die 1 kennzeichnet Universal- oder Multitalente, die aus eigener Kraft und Fähigkeit alles Mögliche schaffen und bewegen können. Sie improvisieren mit Leichtigkeit, wo andere auf Planung und Vorbereitung angewiesen sind. Als praktisch veranlagte Menschen bewirken sie Großes aus kleinen Anfängen – und dazu noch mit geringem Aufwand. Nicht selten sind sie es, die Pionierleistungen vollbringen oder Erfindungen machen. Von ihnen stammen oft die Ideen, die andere in die Tat umsetzen. Wenn sie Gelegenheit dazu bekommen, ihre Kreativität zu entfalten, sind sie außerordentlich engagiert und auch erfolgreich.

Menschen dieses Typs dringen nicht zuletzt deshalb gern in neue Lebens- und Tätigkeitsbereiche vor, weil es dort noch keine einschränkenden Vorschriften gibt. Sie brauchen den Reiz des Neuen, um sich angespornt und herausgefordert zu fühlen, sonst wird es ihnen schnell langweilig – und Langeweile ertragen sie am allerwenigsten. In gewisser Weise sind sie Spieler-Naturen.

Solche Vielseitigkeit kann jedoch auch leicht dazu verführen, sich zu verzetteln und nichts zu Ende zu führen. Dann muß man lernen, sich auf das Wesentliche zu konzentrieren. Die Kunst weiser Selbstbeschränkung ist allerdings eine schwere Kunst für den "Einser"! Er würde es lieber anderen überlassen, die Dinge der Reihe nach anzugehen und auch die Kleinarbeit zu erledigen. Andererseits möchte er alles selber machen; er kann nichts aus der Hand geben, weil er meint, andere könnten es nicht "richtig" machen.

Ein Mensch mit der 1 findet im Grunde immer einen Weg, mit den Anforderungen des Lebens zurechtzukommen. Er ist sozusagen darauf spezialisiert, universal zu denken und zu handeln. Darin ist er auch deshalb so versiert, weil er über eine rasche Auffassungsgabe verfügt.

Große Arkana: **Monade**

2 - DIE HOHEPRIESTERIN
11 - KRAFT
20 - GERICHT

2

Astrologische Zuordnungen:
Mond, Neptun

2 - DIE HOHEPRIESTERIN
ist ein Sinnbild von Kräften und Fähigkeiten, die traditionell als "weiblich" bezeichnet werden. Mit dieser Bezeichnung soll hier jedoch keine althergebrachte Rollenverteilung der Geschlechter festgeschrieben werden. In der Praxis kann es sich bei der Interpretation dieser Karte natürlich auch um eine männliche Bezugsperson handeln. Zunächst symbolisiert diese Karte die unermeßlichen Kräfte des Unbewußten und - damit verbunden - Intuition und Feingefühl. Sie steht für etwas, das sich dem Zugriff des Verstandesdenkens entzieht und von Rätsel und Geheimnis umgeben ist. Weiterhin repräsentiert sie das Prinzip des Aufnehmens, Empfangens und In-sich-Bewahrens. Sie vertritt etwas, das Faszination, Sehnsucht und Begehren weckt.

Als Symbol für Weiblichkeit schlechthin verkörpert die Hohepriesterin eine junge Frau, die sich ihres eigenen Potentials sicher ist und es selbstbewußt zur Geltung bringt. Mutterschaft gehört für sie zur Zeit nicht zu ihren Lebensvorstellungen oder -möglichkeiten. Damit ergänzt sie die Figur der Herrscherin (Großes Arkanum 3) um eine wichtige Dimension des Frau-Seins; beide Karten stehen deshalb in einem inneren Zusammenhang miteinander.

11 - KRAFT

Die prinzipielle Aussage dieser Karte lautet, daß es stets einer Harmonisierung entgegengesetzter Kräfte bedarf, um eine Einheit herzustellen. Wie das Bild eindrucksvoll demonstriert, kann Harmonie nicht durch Gewalt, sondern nur durch sanfte, aber bestimmte Überzeugungsarbeit erreicht werden. Dabei dominiert naturgemäß die geistige über die körperliche Kraft. Oft ist es das persönliche Charisma, das einen Menschen vor anderen auszeichnet. Charisma erwächst aus Selbstbewußtsein, Mut und Standhaftigkeit, die auf andere Menschen ausstrahlen. Es bewirkt etwas, ohne daß große Worte gemacht werden müssen. Eine Kommunikation dieser Art kann eine viel stärkere Bindung zwischen Menschen herstellen, als es die Sprache vermag.

20 - GERICHT

Der Schlüssel zum Verständnis dieses vielschichtigen Symbols ist am besten unmittelbar aus dem Bildmotiv zu erschließen: Es zeigt auf sehr plastische Art und Weise, wie das Niedere einer Vereinigung mit dem Höheren zustrebt. Bisher bestehende Gegensätze werden aufgehoben, um einer neuen, höher entwickelten Einheit Platz zu machen. Anders als im Symbol der KRAFT vereinigen sich die Gegensätze auf gleichem Niveau; die daraus entstehende kreative Synthese wird durch die nächstfolgende Karte 21 – DIE WELT dargestellt.

Psychologisch gesehen verbindet 20 – GERICHT seelische Elemente, die bisher ein getrenntes Dasein geführt haben: Kopf und Bauch, Inneres und Äußeres kommen in Einklang miteinander. Das führt zu einer über jeden Zweifel erhabenen Gewißheit, die einer inneren Berufung vergleichbar ist.

Schlußfolgerungen

Die 2 weist auf sehr feinfühlige, sensitive und tiefsinnige Menschen hin. Sie verfügen über eine faszinierende Ausstrahlung und unwiderstehliche Anziehungskraft. Schon deswegen lieben sie es nicht, viele Worte zu machen, um sich selbst darzustellen und mitzuteilen. Es ist jedoch die Frage, ob dies auch immer so ankommt, wie es gemeint ist. Oft fühlen sich Menschen dieses Typs falsch verstanden. Das macht sie unter Umständen noch einsilbiger, als sie ohnehin schon sind, und diese Verschlossenheit läßt sie noch um so geheimnisvoller erscheinen.

“Zweier” ziehen es vor, im Hintergrund die Fäden zu spinnen. Läßt es sich jedoch nicht umgehen, sich selbst zu exponieren, können sie recht robust und burschikos wirken. Sie verstehen es eben, um sich herum einen “Schutzwall” aufzubauen. Nicht selten jedoch verbergen sie dahinter nur die eigene Unsicherheit oder Unentschlossenheit. Sie möchten es um jeden Preis vermeiden, Angriffsflächen zu bieten, denn sie sind verletzlich.

Ihre besondere Stärke ist es, tiefere Zusammenhänge zu erkennen. Im allgemeinen sind sie ausgesprochen intuitive Menschen, manche von ihnen sogar echte Sensitive: Menschen mit dem 6. Sinn, wie der Volksmund sagt. Diese Gabe beschert ihnen manchen Erfolg, den andere nicht verzeichnen können. Auch verstehen sie es, ihre Umwelt mit ihren speziellen psychischen Fähigkeiten zu beeindrucken oder sogar zu beeinflussen. Naturgemäß sind sie begnadete Menschenkenner, oft interessieren sie sich für besondere seelische Phänomene und Okkultes.

Frauen mit der 2 haben eine besonders starke Wirkung auf Männer. Diese ist nicht mit reinem Sex zu erklären, sondern mit einem irgendwie elektrisierenden Fluidum, das sie umgibt.

In diesem Zusammenhang muß unbedingt die Zahl 11 erwähnt werden. Sie ist nicht einfach eine “Durchgangsstation” zu ihrer Monade, der 2. Die 11 hat für sich allein eine sehr wesentliche Funktion: Es ist die “Meisterzahl”, sie kennzeichnet oft einen charismatischen Menschen mit ganz ungewöhnlichen Fähigkeiten. Vor allem in Bereichen, die der 2 zuzuordnen sind, kann er Außerordentliches erreichen. Der Aufstieg eines solchen Menschen erfolgt oft urplötzlich, quasi “aus dem Nichts heraus”. Doch ist damit eine nicht unerhebliche Belastung verbunden: In hervorgehobener Position bleibt er umstritten, seine Bewunderer empfinden ihm gegenüber eine Art von Haßliebe. Dies ist kein Wunder, denn unter dem Einfluß der 11 sind alle Eigenschaften der 2 verstärkt.

Monade

3

Große Arkana:
3 - DIE HERRSCHERIN
12 - DER GEHÄNGTE
21 - DIE WELT

Astrologische Zuordnungen:
Saturn, Venus

3 - DIE HERRSCHERIN

ist der Inbegriff des Prinzips der Mütterlichkeit. Dies beschränkt sich keineswegs auf die Mutterschaft der Frau, sondern umfaßt alle Eigenschaften und Potentiale, die Wachsen, Fürsorge und Geborgenheit ermöglichen – ob sie nun durch einen Mann oder durch eine Frau verkörpert werden. Eine solche Person hat unendlich viel zu geben, weil sie eine unerschöpfliche Liebe in sich trägt. Doch um zu lieben, bedarf sie des Gegenübers, dem sie etwas geben kann. Sie muß einfach für andere da sein, und deshalb möchte sie auch das Gefühl haben, wirklich gebraucht zu werden.

Die Karte drückt Bodenständigkeit, eine innige Gemeinschaft mit der inneren und äußeren Natur aus. Ein Mensch, der von ihr geprägt ist, bietet dem Gedeihen des Lebens eine schützende Hand. Heimatverbundenheit und Familiensinn geben inneren wie äußeren Rückhalt und beschirmen vor den Unwirtlichkeiten des Daseins. Wichtig ist ihm nicht nur die Verwurzelung in einer geographischen, sondern auch in einer seelischen Heimat, um sich "zu Hause" zu fühlen.

12 - DER GEHÄNGTE

Hier geht es um Verzicht – jedoch nicht im Sinne von Selbstaufgabe, sondern als Mittel zu einem höheren Zweck. Das Leben erfordert bisweilen eine Umkehr persönlicher Werte, eine innere Ablösung von bisher als verbindlich angesehenen Anschauungen und Normen. Eine solche Situation hat etwas von einer Prüfung, der man nicht ausweichen kann, sondern der man sich wohl oder übel stellen muß. Das bedeutet Anspannung und Streß – aber zu einem sinnvollen Zweck. Der Erfolg wird sich unweigerlich einstellen, sofern Einsicht in die Notwendigkeit und die innere Bereitschaft zum Loslassen vorhanden ist.

In der Partnerschaft kann dies bedeuten, jemanden freigeben zu müssen: Aber gerade das kann, wenn es bewußt und ohne Haß geschieht, Ausdruck höchster Liebe sein. Für eine Mutter könnte sich die Frage stellen, ob sie ihrem Kinde nicht die Freiheit geben sollte, sich als eigenständiges Wesen zu behaupten.

21 - DIE WELT
bedeutet Vollendung und Abschluß. Wenn überhaupt, dann geht es nur vordergründig um Sterben und Vergehen. Hinter dem nahenden Ende steht ein neuer Anfang im ewigen Zyklus von Werden und Vergehen. Weder der absolute End- noch Höhepunkt ist damit erreicht, sondern nur das Optimum eines Entwicklungsabschnitts. Wenn man diesen Gipfel erklommen hat, fühlt man, daß alle Kräfte zusammenfließen – doch schon öffnet sich der Blick für den nächsten Gipfel, das nächste Lebensziel.

Schlußfolgerungen

Die 3 kennzeichnet Menschen, die Gefühlen einen hohen Stellenwert beimessen und sehr empfindsam und warmherzig sind. Nicht immer jedoch merkt man ihnen ihre Gemütstiefe an. Sie sind nämlich durchaus in der Lage, zugunsten höherer Ziele ihre Gefühle hintanzustellen oder sie gar zu verdrängen. Was sie sich vorgenommen haben, verwirklichen sie mit Ausdauer und großer Hingabe. Wenn sich die 3 als Persönlichkeits-Zahl über die Quersumme von 12 ergibt, zeichnen sie sich in besonderem Maße durch Opferbereitschaft aus.

“Dreier” sind gründlich, praktisch veranlagt und realitätsbewußt. Oft führen sie etwas zu Ende, was andere begonnen haben. Sie haben einen Blick für praxisnahe Lösungen und dafür, wie Bedürfnissen Rechnung getragen werden kann. “Problemknäuel” zu entwirren ist ihre besondere Spezialität.

Dieser Typ bevorzugt überschaubare Situationen, und er steuert alle Entwicklungen in seinem Aktionsradius so, daß unnötige Komplikationen vermieden werden. Deshalb wird er für andere Menschen zu einem ruhenden Pol in der Tretmühle des Alltags. Solange er selbst festen Boden unter den Füßen hat, fördert er auch andere. Er ist ausgesprochen kooperativ und wirkt dank seiner ruhigen, vertrauenswürdigen Ausstrahlung harmonisierend auf das Gruppenklima. Auf Zusammenhalt innerhalb von Gemeinschaften, vor allem innerhalb der Familie, legt er großen Wert.

Gelegentlich gibt ein Mensch im Einflußbereich der 3 seiner Tendenz, andere an sich zu binden bzw. sich selbst an jemand zu klammern, zu sehr nach. Dann wird seine “mütterliche Art” von anderen in der Regel als einengend erlebt. Er selbst lebt in dem Bewußtsein, für andere immer nur das Beste zu wollen, und merkt dabei doch nicht, wie er selbst zum Problem wird. Ungewollt – und zunächst unmerklich – entstehen Abhängigkeiten, die schließlich alle Beteiligten in ihrer Entwicklung hemmen. Es dauert seine Zeit, bis sich solche Verwicklungen und Verklammerungen wieder lösen – vor allem deshalb, weil Menschen mit der 3 eben nicht von heute auf morgen ihren Standpunkt ändern bzw. sich mit einer grundlegend neuen Situation abfinden können.

Große Arkana: **Monade**

4 - DER HERRSCHER

13 - TOD

4

Astrologische Zuordnungen:

Saturn, Mars

4 - DER HERRSCHER

repräsentiert das Prinzip der "natürlichen Autorität", d. h. er hat einen gewissen Herrschaftsanspruch, doch er rechtfertigt ihn durch seine überlegenen Fähigkeiten und innere Souveränität. Er besitzt echte Führungsqualitäten, und zwar aufgrund seiner starken Persönlichkeit, enormen Willensstärke, großen Lebenserfahrung und unwiderstehlichen Durchsetzungskraft. In psychologischem Sinne ist er der Vater-Archetyp, der dem Kinde übermächtig, aber auch großzügig und behütend erscheinen kann. Wenn er Disziplin und Ordnung nicht nur von anderen verlangt, sondern auch selbst zu wahren versteht, macht ihn dies zur Persönlichkeit, die in sich gefestigt ist und an der sich auch andere Menschen aufrichten können.

13 - TOD

Kaum ein Bild des Tarot ist so oft und so gründlich mißverstanden worden wie dieses. Es verdeutlicht jenen tiefgreifenden Wandel, der nur durch das Ende des Bestehenden, durch Auflösung einer lebendigen Einheit in ihre einzelnen Bestandteile möglich wird. Etwas bleibt jedoch – und es wird in veränderter Form in den Kreislauf des Lebens zurückgeführt. Der Tod im wörtlichen Sinne erlaubt den notwendigen Generationenwechsel. Im übertragenen Sinne stellt er ein unverzichtbares, dynamisches Element des Wandels dar, ohne das es keine Erneuerung im immerwährenden Kreislauf des Daseins gäbe. Erst der Tod schafft die Voraussetzungen für Entwicklung und Evolution – im Kleinen und im Großen.

Auf der Ebene der Persönlichkeit deutet die Karte auf Überwindung alter Gewohnheiten und Strukturen hin, mit denen man bisher vielleicht nicht schlecht lebte. Doch nun müssen sie weichen, weil sie nicht mehr entwicklungsfähig sind und in eine Sackgassse führen würden. Doch die Erfahrungen der Vergangenheit sterben nicht mit ab: Sie sind die Grundlage, auf der der Fortschritt in Zukunft stattfindet. Oft ist mit einem solchen Wandel der Persönlichkeit eine schmerzliche Erfahrung verbunden. Viel wichtiger ist jedoch, daß sich nun ein erweiterter Erfahrungshorizont öffnet.

Schlußfolgerungen

Die 4 ist die Zahl der Realisten und Pragmatiker: Energisch, konsequent und zielbewußt haben sie sich ihre Kompetenz und Position hart und ausdauernd erarbeitet. Sie möchten die Dinge im Griff haben und unter Kontrolle behalten. Deshalb verlangen sie von sich und anderen ein hohes Maß an Disziplin und sind auf Sicherheit und Solidität bedacht. Sie bevorzugen langfristige Zielsetzungen und erreichen auch meist, was sie sich vorgenommen haben. Sie beherrschen die Kunst der Organisation, rationaler Planung und zweckdienlicher Delegierung von Aufgaben. Praktische Erfahrung schätzen sie höher ein als theoretische Gedankengebäude. Erstaunlich bleibt, wie viele verschiedene Aktivitäten sie "durchziehen" können, ohne dabei an Gründlichkeit und Sorgfalt nachzulassen. Unter ihnen finden sich übrigens viele passionierte Sammler und echte Gedächtniskünstler, die sich an kleinste und allerkleinste Details erinnern können.

Allerdings bedingt die 4 oft auch ein problematisches Verhältnis zur Macht. Dann nämlich, wenn man andere beherrschen will, ohne sich selbst beherrschen zu können. Hinter einer Fassade eiserner Selbstkontrolle und vornehmer Zurückhaltung verbirgt sich womöglich ein emotionaler Abgrund: So kann es zu brüsker Zurückweisung durch einen solchen Menschen kommen. Er kann seine Umgebung mit beißendem Zynismus überziehen und ohne Vorwarnung heftig werden. Widerspruch vermag er ohnehin nur selten zu ertragen.

Allerdings kann sich der "Vierer" auch ausgesprochen jovial und verbindlich zeigen. Doch aufgepaßt! Sobald es ihm "zu persönlich" wird, blockt er ab – meistens, indem er ganz geschickt das Thema wechselt. Erst wenn "das Eis gebrochen ist", spürt man etwas von dem weichen Kern, der sich hinter der rauhen Schale verbirgt. Voll und ganz von seiner Autorität überzeugt, erhebt er auf völlig selbstverständliche Art und Weise den Führungsanspruch, sei es in der Partnerschaft oder in einer Arbeitsbeziehung. Er kann ihm aber nur gerecht werden, wenn er wirklich festen Boden unter den Füßen verspürt. Dann ist er unübertroffen darin, souverän zu agieren.

Monade

5

Große Arkana:
5 - DER HOHEPRIESTER
14 - MÄSSIGKEIT

Astrologische Zuordnungen:
Jupiter, Merkur

5 - DER HOHEPRIESTER
ist ein Mann des Wissens, der Studien und der Belehrung. Seine Kompetenz gründet in Tradition und Konvention, er lebt aus dem überlieferten geistigen Überbau seiner Kultur heraus. In diesem Sinne kann er ein guter Freund, Ratgeber oder Vermittler sein, der wohlwollenden Beistand und willkommene Unterstützung anbietet.

Obwohl sehr gut begründet, sind seine Anschauungen doch bisweilen etwas einseitig. Er hat sich sein Wissen vornehmlich auf der theoretisch-intellektuellen Ebene angeeignet, ohne einen echten Praxisbezug dafür entwickeln zu können. Dieser ergibt sich nur aus der gelebten Erfahrung heraus, und hier liegen zweifellos die Defizite dieses Charaktertyps. Auch wenn er es sich nicht zuzugeben vermag – dieses Manko macht ihn empfindlich gegenüber Kritik. Er neigt dazu, sich auf eine sichere Position zurückzuziehen, die ihn scheinbar unangreifbar macht.

14 - MÄSSIGKEIT
auf anschauliche Weise zeigt das Bildmotiv dieser Karte einen ständigen Kräftefluß, der alles ins rechte Verhältnis zueinander setzt. Das Wasser fließt zwischen den Kelchen hin und her, und nichts geht dabei verloren. Die Energiebilanz bleibt stets dieselbe, doch ist das

rechte Maß erforderlich, um Ausgewogenheit und Harmonie zu garantieren.

Diese Karte ist auch eine Aufforderung zur Meditation; nur im Zustand innerer Stille wächst die Einsicht in die Begrenztheit der menschlichen Existenz. Das Wasser zwischen den beiden Kelchen ist von daher ein Sinnbild für das Band der Freundschaft zwischen Mensch und Mensch, aber auch zwischen Mensch und Natur.

In gewissem Sinn ist diese Karte der Gegenpol zum Großen Arkanum 13 - TOD, das auf die Notwendigkeit der Trennung, Scheidung und Unterscheidung von Lebenszusammenhängen in gewissen Situationen hinweist. Hier dagegen geht es darum, die Dinge in ihren bestehenden Verbindungen und Verknüpfungen, ja bisweilen auch Abhängigkeiten zu akzeptieren. Toleranz ist gefragt, dann läßt sich die Harmonie wahren bzw. wiederherstellen.

Schlußfolgerungen

Menschen mit der Persönlichkeits-Zahl 5 sind intellektuell rege und legen dabei auf die Wahrung von Konventionen wert. Das gibt ihnen das Gefühl der Sicherheit, denn obwohl es kluge Köpfe sind, zeigen sie sich manchmal etwas lebensfremd. Sie wissen, daß sie gute Rhetoriker sind. Als solche neigen sie zu weitschweifigen und umständlichen Erklärungen, vor allem, wenn sie sich gern selbst reden hören.

Unter diesen nüchternen Verstandesmenschen sind nicht wenige, die mit ihren Emotionen Probleme haben: Sie können ihren Gefühlen nur schwer Ausdruck verleihen, wollen sie vielleicht überhaupt nicht wahrnehmen. Die daraus resultierende Unausgeglichenheit verbergen sie gern hinter geistreich-ironischen Bemerkungen. Damit demonstrieren sie, daß sie scheinbar über den Dingen stehen, doch in Wahrheit sind sie leicht verletzbar, ja bisweilen ausgesprochen empfindlich.

Verantwortung für andere möchten sie am liebsten abgeben; ihre eigenen Belange haben für sie selbst immer und überall Priorität. Da sie sich aber als Idealisten empfinden, gehen sie von der Deckungsgleichheit ihrer persönlichen Ziele mit denen der Allgemeinheit aus.

Sie sind der festen Überzeugung, daß alles, was sie tun, einem höheren Zweck dient und daher – zumindest langfristig – auch anderen zugute kommt. Außerdem pochen sie gern auf ihr "gutes Recht", Ausnahme- oder Sonderregelungen in Anspruch nehmen zu dürfen.

Unter den "Fünfern" finden sich stille, auf sich selbst bezogene Menschen ebenso wie extrovertierte, kämpferische Naturen. Letztere agieren oft als glühende Verfechter einer Idee, für die sie rigoros eintreten, ohne auf die persönlichen Belange anderer viel Rücksicht zu nehmen. Dieser Typ ist deshalb der Gefahr ausgesetzt, unduldsam und engstirnig zu werden. Dann wird alles, was nicht mit seinen Ideen übereinstimmt, abgelehnt oder sogar "abgestempelt". Wenn man einen solchen Menschen jedoch so nimmt, wie er ist, zeigt er sich überraschend umgänglich. Dann erfährt man auch, daß er zu den seltenen Menschen gehört, die noch wissen, was wahre Freundschaft ist.

Hier finden sich ausgezeichnete Theoretiker, Spezialisten und Fachleute. Als solche müssen sie sich davor hüten, einseitig zu werden. Bewundernswert ist, wie sie Dingen auf den Grund gehen können, doch sind sie stets der Gefahr ausgesetzt, dabei in Detailfragen steckenzubleiben und die Übersicht zu verlieren. Ihr Interesse richten sie mit Vorliebe auf wissenschaftliche Probleme, philosophische Fragen, Religion und Mystik – und auf alle Bereiche, in denen sie sich in freier Selbstverantwortung verwirklichen können.

Große Arkana: **Monade**
6 - DIE LIEBENDEN
15 - DER TEUFEL

6

Astrologische Zuordnungen:
Venus, Merkur, Saturn

6 - DIE LIEBENDEN

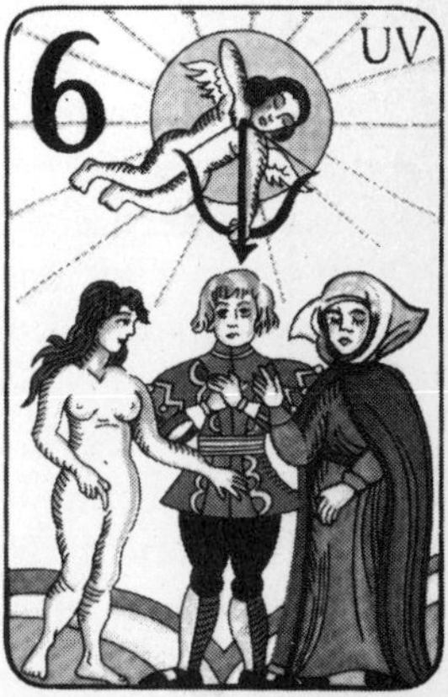

Was könnte die gegenseitige Anziehung polarer Kräfte besser verdeutlichen als zwei Liebende? Doch bevor sie zusammenfinden, ist eine Wahl zu treffen: nicht allein zwischen Tugend und Laster, zwischen Weisheit und Leidenschaft, wie es das herkömmliche Welt- und Menschenbild Glauben machen möchte, sondern vor allem zwischen bewußter und mechanischer Lebensführung. Ein Mensch unter dem Einfluß dieser Karte steht an einem Scheideweg. Nichts scheint sicher – allenfalls, daß der eine Weg zu einem erfüllten Leben führen wird, während der andere im günstigsten Fall einen Umweg zum Ziel bedeutet. Im ungünstigeren Fall besteht jedoch die Gefahr eines wirklichen Irrweges, von dem es keine Umkehr mehr gäbe.

Selbstverständlich ist auch die Partnerwahl angesprochen – sei es für das ganze Leben oder "nur" für einen Lebensabschnitt. Naturgemäß kann diese Wahl nicht von einem der Beteiligten allein getroffen werden; Übereinstimmung ist nur durch ehrliches Aufeinander-Zugehen möglich. Je nach Menschentyp wird diese Wahl leichter oder schwerer fallen, weil sie im Grunde nicht durch rationale Erwägungen, sondern nur durch die Stimme des Herzens getroffen werden kann.

15 - DER TEUFEL

Es bedarf der Ehrlichkeit und Offenheit gegenüber sich selbst, um die innere Wahrheit zu verstehen, die dieses uralte Symbol in sich trägt. Einmal abgesehen von der religiösen Tradition unserer Kultur, symbolisiert der Teufel im psychologischen Sinne nichts weiter als unsere unterdrückten und verdrängten Seelenkräfte. An und für sich sind unsere Triebe weder "gut" noch "böse". Sie bringen uns nur deshalb in innere Nöte, weil sie sich einer bewußten Kontrolle entziehen und deshalb Ängste auslösen. Im Grunde sind sie das unerschöpfliche Energiereservoir unseres Seelenhaushaltes, sind unverzichtbar und lebenswichtig. Durch Ängste getrieben, fühlen wir uns ihnen jedoch ausgeliefert, wobei der Reiz der "verbotenen Frucht" übermächtig werden kann. Solange wir nicht gelernt haben, diese Kräfte als das zu erkennen, was sie eigentlich sind, sie zu akzeptieren und mit ihnen zu leben, so lange werden sie uns immer neue Fesseln anlegen. Ein klares Bekenntnis zu unserer eigenen Natur kann dabei entlastend wirken und uns innere Freiheit schenken.

Wie das Große Arkanum 6 - DIE LIEBENDEN weist auch 15 - DER TEUFEL auf die Notwendigkeit einer Entscheidung hin, einer Entscheidung allerdings, die die Qual der Wahl mit sich bringen kann: Wer von ungezügelten Triebkräften regiert wird, kann sich im Grunde nicht frei entscheiden. Außerdem warnt diese Karte auch davor, sich durch ein imposantes äußeres Erscheinungsbild täuschen zu lassen.

Schlußfolgerungen

Unter den Menschen mit der Monade 6 finden sich Künstler und musische Personen sowie gute Erzähler und Redner. Sie haben Sinn für das Schöne, für Erotik und Sinnlichkeit; meist verfügen sie über eine starke Ausstrahlung auf das andere Geschlecht. Sie sind genießerische Menschen von gewinnender und einnehmender Art. Sie vermitteln den Eindruck, daß sie mitten im Leben stehen. Ihren Neigungen folgen sie uneingeschränkt; nicht selten finden sie Förderer und Gönner, die ihnen den nötigen Freiraum dazu verschaffen.

Von besonderer Wichtigkeit ist für diese Menschen ihr Beziehungsleben. Deshalb sollten sie bei der Wahl ihrer Partner sehr sorgfältig sein – was aber nicht heißen darf, daß sie mit dem Verstand allein wählen sollten. Vielmehr müssen sie lernen, zwischen einem vorübergehenden Gefühl und tiefer Zuneigung zu unterscheiden. Dies gelingt nur, wenn sie sich für die Eingebungen ihrer inneren Stimme sensibilisieren.

Menschen im Einflußbereich der 6 streben mehr als andere nach Anerkennung; sie wollen geliebt werden. Wenn dies dazu verleitet, den Weg des geringsten Widerstands zu gehen und Konflikten auszuweichen, sind die Probleme vorprogrammiert. Die Betreffenden sind deshalb gut beraten, ihre Wahlmöglichkeiten stets sorgfältig abzuwägen.

Probleme ergeben sich auch, wenn starke Neigungen unterdrückt und deshalb Hemmungen gegenüber dem eigenen Triebleben aufgebaut werden. Wenn andererseits Spontaneität und Impulsivität zu Triebhaftigkeit werden, geht ebenfalls das seelische Gleichgewicht verloren. Wird dieser Typ durch Tabus und Verbote zu stark reglementiert, wird er leicht etwas schrullig. Möglicherweise neigt er dann auch dazu, andere zu reglementieren, um sich von seiner eigenen inneren Not abzulenken. Seine Anfälligkeit für neurotische Verhaltensweisen ist deshalb besonders ausgeprägt.

Der "Sechser" ist überaus begeisterungsfähig und vermag auch andere zu begeistern und mitzureißen. Dank seiner Gabe, zur rechten Zeit die rechten Worte zu finden, vermag er seine Umwelt geradezu in Bann zu schlagen. Es bereitet ihm keine Schwierigkeiten, auch heikle Themen so anzusprechen, daß er mit seiner Auffassung Zustimmung findet. Oftmals mag dies den Anschein von Opportunismus erwecken, es ist aber einfach ein natürlicher Ausdruck der Fähigkeit, eine subtile Schwingung in der Kommunikation zu erkennen und ins eigene Handeln einzubeziehen.

Monade

7

Große Arkana:
7 - DER WAGEN
16 - DER TURM

Astrologische Zuordnungen:
Mars, Uranus

7 - DER WAGEN
steht für Sieg und Erfolg, auch für den berechtigten Stolz über das, was man aus eigener Kraft erreicht hat. Er kann allerdings auch einen starken Drang zur Selbstdarstellung und Profilierung anzeigen. Diese Karte drückt aus, wie wichtig persönliche Unabhängigkeit und selbstbewußter Individualismus sind, doch sollte nie vergessen werden, daß jeder Mensch – und sei er noch so erfolgreich – immer auch in Abhängigkeit von Kräften steht, die größer sind als seine eigenen. Die Umwelt prägt und formt uns, sie weckt oder hemmt auch unseren Drang, vorwärts zu streben und etwas zu erreichen.

Als ein Mittel zu Fortbewegung stellt der Wagen auch Aufbruch, Neubeginn und Dynamik sowie eine beschleunigte Entwicklung dar.

16 - DER TURM
verheißt radikalen Umbruch. Während das Große Arkanum 7 - DER WAGEN darauf hindeutet, daß etwas erschaffen wird, weist diese Karte auf eine bevorstehende Zerstörung hin. Diese muß aus einer inneren Notwendigkeit heraus stattfinden. Zu lange haben sich die Spannungen aufgebaut – unmerklich vielleicht bis zu einem gewissen Punkt, jetzt jedoch entladen sie sich mit einem Schlag. Es ist wie ein reinigendes Gewitter.

Der Turm ist das Symbol für eine übergroße Machtfülle, die einen Menschen den Boden der Realität unter den Füßen verlieren läßt. Er ist zu hoch gebaut, und deshalb schlägt der Blitz ein und bringt ihn zu Fall. Das offenbart den Kern des Menschen: Was bisher sorgsam verborgen wurde, wird mit einem Mal schonungslos ans Tageslicht gebracht. Was unterdrückt, zugedeckt oder mühsam "unter dem Deckel gehalten" wurde, bricht hervor. Die Wahrheit kann nun nicht mehr geleugnet werden.

Schlußfolgerungen

Im Einflußbereich der 7 befinden sich viele Menschen mit untrüglichem Instinkt für ihren eigenen Vorteil. Sie verfügen über die Fähigkeit erfolgreicher Selbstdarstellung und haben gute Karriere-Chancen. Sie verstehen es besser als andere, sich der Medien zu bedienen, um ihren Fähigkeiten Ausdruck zu verleihen. Sie möchten immer gern die Ersten sein, und im Wettlauf mit anderen stolpern sie manchmal sogar über ihre eigenen Beine – aber selbst danach sind sie durch kaum etwas zu bremsen. Leistungsorientiert und dynamisch wie sie sind, stellen sie hohe Ansprüche, denen sie selbst jedoch nicht immer gewachsen sind. Ungeniert zeigen sie, was sie haben – und sei es nur der schöne Schein.

"Siebener" legen viel Wert auf ein ästhetisches Äußeres. Sie haben einen sicheren Geschmack, was ihnen steht und was nicht. In diesen Fragen sind sie absolut souverän; deshalb können sie ohne weiteres einen Stil des Understatements pflegen und wirken dennoch distinguiert und betont individuell.

Im Bereich der 7 wird das persönliche Ich betont. Der Mensch strebt nach Unabhängigkeit und individuellem Ausdruck. Es ist bisweilen nicht leicht, mit diesem Typ zusammenzuarbeiten – aber ohne ihn wäre das Leben um manchen bunten Farbtupfer ärmer. Ihm gegenüber die Kompetenzen klar abzugrenzen, ist in jedem Fall empfehlenswert, will man selbst ein eigenständiges Profil behalten.

Trotz aller äußeren Erfolge hat der "Siebener" es nicht leicht – vor allem deshalb, weil er es sich selbst und anderen mit seiner Ich-Bezogenheit immer wieder schwer macht. Seine Erfolge befördern ihn nicht selten in ein soziales Niemandsland: Ganz oben auf dem Gipfel ist eben nur Platz für einen allein. Erst durch schmerzliche Erfahrungen erlangt er jene Reife, die ein ersprießliches Miteinander ermöglicht.

Gelingt es ihm, seine hohe Leistungsfähigkeit in die richtigen Bahnen zu lenken, kann er viel Gutes bewirken und vor allem auf schöpferisch-künstlerischem Gebiet sogar Außerordentliches vollbringen. Hinter der coolen Fassade verbirgt sich nämlich eine überraschend zarte und empfindsame Seele.

Große Arkana:
8 - GERECHTIGKEIT
17 - DER STERN

Monade

8

Astrologische Zuordnungen:
Jupiter, Saturn

8 - GERECHTIGKEIT

Naturgemäß bezieht sich dieses Symbol auf Abwägung und Beurteilung – doch nicht im Sinne einer absoluten Gerechtigkeit, sondern entsprechend den Regeln innerhalb einer Gemeinschaft. Die Waagschalen sind leer: Nichts wird über die Gewichte ausgesagt, die zum Vergleich herangezogen werden. Das Schwert repräsentiert die Schärfe des Urteilsvermögens, doch wir erfahren nicht, was damit gestraft wird. Somit bezieht sich die Karte auch auf die Abhängigkeit des Rechts und der menschlichen Gerechtigkeit von der Gesellschaft. Im Idealfall gründet sich das allgemeine Rechtsempfinden auf die Grundsätze von Gleichberechtigung und gegenseitiger Verantwortlichkeit. Auch das Gewissen als innere Repräsentanz der Gerechtigkeit ist in einem Wertsystem verankert, das dem Menschen durch Erziehung vermittelt wird. Der einzelne muß nicht nur Rechenschaft gegenüber sich selbst, sondern auch gegenüber den anderen ablegen. Damit trägt diese Karte einen deutlichen Akzent von Gemeinschaftsgefühl und Solidarität.

17 - DER STERN

vertritt die Macht eines übergeordneten Ideals, dessen Ausstrahlung bis in die dunkelsten Winkel der menschlichen Existenz reicht. Indem er ein Ziel darstellt, für das es sich zu engagieren lohnt, verkörpert er das “Prinzip Hoffnung” in unserem Dasein. Er besitzt eine Leuchtkraft, die uns von innen her erwärmt und Mut macht. Dadurch erhalten wir einen kraftvollen Anstoß, immer wieder die kleinen und großen Herausforderungen des Lebens anzunehmen. Auch wenn das Ziel in schier unerreichbarer Ferne zu liegen scheint, gibt es einen Orientierungspunkt, eine Perspektive und Licht am Ende des Tunnels.

Darüber hinaus bringt diese Karte zum Ausdruck, daß es eine unendliche Vielzahl von Sternen (Zielen) geben mag – aber ein Stern (Ziel) leuchtet ganz allein für jeden unter uns Menschen. Zu “unserem Stern” haben wir eine persönliche Beziehung, und wie die Seelenverwandtschaft uns zu einem anderen Menschen hinzieht, so zieht uns auch unser persönliches Lebensziel geradezu magnetisch an. Ein altes Sprichwort sagt: “Solange du deinen eigenen Stern noch nicht gefunden hast, begleiten dich andere Sterne auf dem Weg dorthin.”

Schlußfolgerungen

Die Zahl 8 steht in Wechselbeziehung zu Charakteren mit einem ausgeprägten Sinn für Gerechtigkeit, Gleichberechtigung und Fairness. Dies sind die höchsten Werte für sie – so hoch, daß sie dafür bisweilen ihre Toleranz und Liberalität opfern. Auf alles, was sie als ungerecht oder unangemessen empfinden, reagieren sie sensibel bis empfindlich.

Manche dieser Menschen sind innerlich ständig mit Fragen von Recht und Gerechtigkeit beschäftigt; deswegen können sie sich nur schwer entscheiden, sie prüfen lange, überlegen hin und her, wägen dies und das, weil in ihren Augen so viel zu berücksichtigen ist. Um die eigene Unentschlossenheit zu überwinden, ziehen manche es vor, sich in den Dienst einer “höheren Sache” zu stellen. Damit entlasten sie ihr Gewissen, weil ihnen die Entscheidung abgenommen wird. Unter dem Einfluß der 8 sind Gewissenskonflikte nur zu natürlich, da überdies eine Tendenz spürbar wird, sich an andere Menschen anzulehnen und deren Maßstäbe zu übernehmen.

Treue spielt für diesen Typ eine wichtige Rolle. Dadurch erlangt er einerseits innere Sicherheit, doch andererseits stürzt es ihn auch in Konflikte: sei es mit sich selbst oder mit einem Partner. Gereifte "Achter" haben gelernt, nur dem zu folgen, was ihre innere Überzeugung von ihnen verlangt.

Diese Menschen fühlen sich überaus gern für etwas verantwortlich. Deshalb werden sie von Natur aus leicht zu Idealisten, sei es im sozialen Bereich oder auch in anderen Bereichen des gesellschaftlichen Lebens, z. B. in Politik und Vereinen. Unter ihnen finden sich großherzige Menschen ebenso wie Kleinlichkeitskrämer, die alles gegeneinander aufrechnen müssen, bis ihr Sinn für Gerechtigkeit befriedigt ist.

Eine begrenzte Gruppe von Individuen mit der 8 ist in Gefahr, unter ungünstigen Umständen mit der Obrigkeit in Konflikt zu geraten. Andere fühlen sich zu einer Tätigkeit als Vertreter von Recht und Ordnung hingezogen. Zur Bürokratie, zum Beamtentum und zu Uniformen haben viele von ihnen ein zwiespältiges Verhältnis. Im Grunde ihres Herzens sind sie echte Konservative.

Konflikte können sich ergeben, wenn ein "Achter" unter extremen Erwartungsdruck gerät. In manchen Fällen ist dann die Gefahr von Alkohol- und Drogenmißbrauch gegeben. Dahinter steht natürlich immer eine psychische Notlage, deren besondere Form wiederum für diesen Typ ganz charakteristisch ist: Er hat einfach mehr als andere Schwierigkeiten dabei, rechtzeitig und klar Stellung zu beziehen, Entscheidungen zu treffen und seine innere Überzeugung mit seinem äußeren Handeln in Übereinstimmung zu bringen.

Monade

9

Große Arkana:
9 - DER EREMIT
18 - DER MOND
0 - DER NARR*

Astrologische Zuordnungen:
Saturn, Neptun, Pluto

9 - DER EREMIT
verkörpert den weisen, abgeklärten Ratgeber, der weltliche Sehnsüchte und Leidenschaften abgelegt hat und sich an höheren Zielen orientieren kann. Er hat sich vom Trubel des Alltags gewöhnlicher Menschen zurückgezogen und lebt in innerer Abgeschiedenheit. So kann er sich unbeeinflußt vom Getriebe der Welt den Grundfragen des menschlichen Daseins widmen. Er ist auf der Suche nach echter Wahrheit und tiefer Weisheit. In gewissem Sinn lebt er ein Leben, in dem es keine Zeit gibt, denn die Zeit als Maßeinheit für alltägliche Lebensabläufe hat für ihn keine Bedeutung mehr. Und das ist der tiefere Sinn dieser Karte: Echte Antworten auf unsere Fragen nach dem Sinn des Lebens erhalten wir nur, wenn wir ein Stück Ewigkeit in uns verwirklichen.

18 - DER MOND
ist vielleicht die geheimnisvollste aller Tarot-Karten. Ihre Bedeutung ist ebensowenig eindeutig festzulegen, wie der Mond als Himmelskörper für unser Auge auf eine bestimmte Erscheinungsform festgelegt ist.

Zunächst einmal symbolisiert 18 - DER MOND Ungewißheit, Täuschung und Illusion sowie die damit verbundenen seelischen

* Die Zuordnung des Großen Arkanums 0 – DER NARR wird in *Anhang I*, S. 96 eingehend begründet.

Krisenzustände. Er steht in inniger Beziehung zu unserem Unterbewußtsein, und damit wird sofort klar, daß sogar die Verwirrung, die er stiftet, nur scheinbar ist: sind doch in unserem Unterbewußtsein alle Erfahrungen der Vergangenheit und auch der Zukunft wie in einem Brennspiegel gebündelt aufbewahrt. Gelangen diese Bilder an die Oberfläche des Bewußtseins, werden Ängste ausgelöst, da sie nicht ohne weiteres zu verstehen sind. Doch wir sollten auf die Weisheit unseres höheren Selbstes bauen, nicht in alte Muster zurückfallen und ruhigen Schrittes den Weg fortsetzen, den wir eingeschlagen haben – auch wenn zur Zeit alles dagegen zu sprechen scheint.

Im Grunde ist diese Karte eine Aufforderung, sich für unsere innere Stimme zu sensibilisieren, ihr zu vertrauen und die täuschenden Irrlichter auf der Oberfläche unseres Bewußtseins als das zu erkennen, was sie sind: die unvollkommene Widerspiegelung einer vollkommeneren Welt, die wir eines Tages erfahren und verstehen werden.

0 - DER NARR
ist das Urbild der reinen, durch keinerlei Welterfahrung befleckten Seele. Er existiert in ungebrochenem Urvertrauen, ganz wie ein neugeborener Säugling, ist unschuldig und unbefangen wie ein spielendes Kind. Voller Optimismus blickt er wie ein strahlender Jüngling in die Zukunft.

Diese Karte ist das Symbol für den spontanen Impuls, der sich ohne Absicht und Kalkül Bahn bricht. Die Offenheit des Narren für alles, was die Welt bietet, steht ihm ins sympathische Gesicht geschrieben. Mit jugendlicher, unbeschwerter Art erklimmt er Gipfel und wandelt er mit traumwandlerischer Sicherheit am Rande des Abgrundes. Gewiß – ihm sitzt der Schalk im Nacken, und respektlos ist er auch. Doch wer könnte seinem Charme widerstehen?

Schlußfolgerungen

Menschen mit der 9 können problemlos allein leben. Nie kommt bei ihnen ein Gefühl der Einsamkeit auf, sie können sich gut mit sich selbst beschäftigen und mühelos von ihrer reichhaltigen Lebenserfahrung profitieren. Weil sie überaus genügsam sind, können sie auch einmal die eigenen Bedürfnisse hintanstellen, ohne sich selbst zu bemitleiden.

Manche von ihnen scheuen "zuviel Nähe", wie sie es selbst gern ausdrücken. Sie verbleiben dann im Unverbindlichen und lassen sich nur schwer aus der Reserve locken. Man muß ihnen ihre Rückzugsmöglichkeit lassen, denn sie legen Wert darauf, alle anstehenden Fragen erst einmal in Ruhe "im stillen Kämmerlein" mit sich selbst auszudiskutieren. In Partnerschaften sind sie nicht leicht zu verstehen, da sie kaum jemand wirklich an sich heranlassen. Dennoch finden sie selbst schnell Zugang zu anderen, wenn Sie sich dafür entschieden haben. Für eine tiefere Beziehung bedarf es allerdings der Zeit und der Geduld. Oft überraschen diese Menschen andere mit einsamen Entschlüssen. Diese wollen sie unmittelbar und mit aller Konsequenz in die Tat umsetzen, was nicht immer auf Gegenliebe beim Partner stoßen dürfte.

Dieser Typ besitzt eine überdurchschnittlich entwickelte Beobachtungsgabe, er ist auf sehr angenehme Weise tolerant und verständnisvoll. Als guter Zuhörer bekannt, erfährt er so manches, was andere nicht so leicht mitbekommen. Doch ist er auch verschwiegen und zeichnet sich durch hohe persönliche Integrität aus. Da es ihm nicht schwerfällt, seine persönlichen Interessen zurückzustellen, wird er zum echten Sympathieträger, einem Menschen, dem man Vertrauen schenkt.

Aus diesen Gründen haben es junge "Neuner" oft nicht leicht. Von ihnen wird eben schon etwas erwartet, das sie oft noch gar nicht leisten können, sondern erst lernen müssen. Von daher erzielen Menschen mit der 9 ihre größten Erfolge erst dann, wenn sie wirklich gereift sind. Bisweilen werden sie von einem seltsamen Drang getrieben, immer etwas zu suchen, das ihnen endlich Selbsterfüllung bringt. Doch wissen sie oft gar nicht, was sie nun eigentlich dazu benötigen! In gewisser Weise ist dies ihre individuelle Suche nach dem "Heiligen Gral" – nach etwas, das sehr heilig, wertvoll und intim ist.

Menschen mit der 9 haben übrigens selten Probleme mit dem Älterwerden. Auch in vorgerücktem Alter wirken sie noch jugendlich.

Die Synthese von Numerologie und Tarot in der Praxis

Die Grundanwendung

Wenden wir uns nun der praktischen Ausübung der Numerologie mit Hilfe des Tarot zu. Anhand von Fallstudien berühmter Persönlichkeiten, deren Lebensläufe und Charakterzüge allgemein bekannt sind, ist am leichtesten nachzuvollziehen, wie sich das Leben eines Menschen in den Zahlen widerspiegelt. Als erstes Beispiel sei der große Schauspieler Charlie Chaplin ausgewählt.
Zunächst die Berechnung der Persönlichkeits-Zahl:

C h a r l i e	C h a p l i n
18+ 8 + 1 +20+12+10+ 5 =74	18+ 8 + 1 +17+12+10+14=80
7 + 4 =11	8 + 0 = 8
1 + 1 = 2	
2 +	8
= 10	
1 + 0 = 1	

Persönlichkeits-Zahl ist 1; sie ergibt sich in diesem Fall aus 2 und 8. Die entsprechenden Tarot-Karten sind 1 - DER MAGIER, 2 - DIE HOHEPRIESTERIN und 8 - GERECHTIGKEIT. Wir legen sie wie folgt aus:

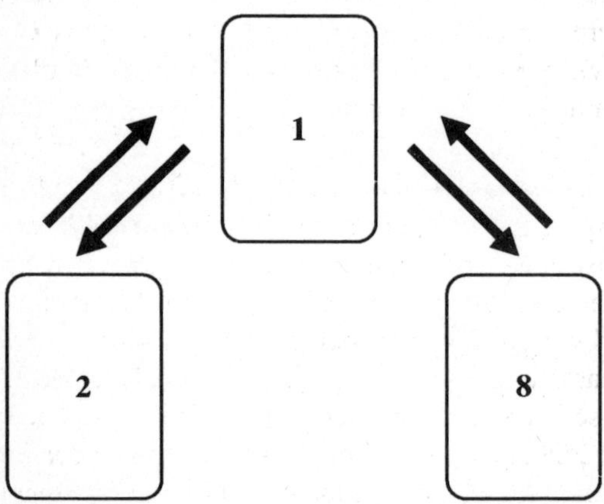

In der Tat kann man Charlie Chaplin als “Magier des Films” bezeichnen. Als Schauspieler und Regisseur vereinigte er unterschiedlichste Talente in seiner Person, wie es die Karte DER MAGIER (die Gesamtzahl 1) auch erwarten läßt.

Betrachten wir nun die Zahlen, aus denen die 1 hier gebildet wird, und parallel dazu die entsprechenden Tarot-Karten. Indem wir uns von den Bildern anregen lassen, kommen wir intuitiv zur Auswertung. So erhalten wir ein anschauliches und aussagekräftiges Ergebnis:

Die 2 deutet den introvertierten Charakter eines Menschen an, der es vorzieht, im Hintergrund zu bleiben und von übergeordneter Warte aus die Dinge zu beeinflussen. Diese innere Haltung prädestiniert – entsprechende Begabungen vorausgesetzt – für eine Tätigkeit als Filmregisseur. Überhaupt gehört die bewußte Arbeit mit optischen Eindrücken, mit sichtbarem, bildhaftem Ausdruck in den Bereich der 2. Diese Zahl steht zudem wie keine andere für eine Kommunikation ohne Worte – ein verblüffender Hinweis auf Chaplin, den berühmtesten Darsteller der Stummfilm-Ära.

Die 8 berührt einen ganz anderen Charakterzug des unvergeßlichen Künstlers: Sie weist auf seinen Sinn für Gerechtigkeit, sein Interesse an sozialen Fragen hin. Auch daß er deshalb in Konflikt mit der Staatsmacht geriet, fügt sich nahtlos in diesen psychologischen Zusammenhang ein. In den fünfziger Jahren geriet Chaplin, wie übrigens viele prominente Künstler in den USA, in die Schußlinie des “Komitees für un-amerikanische Aktivitäten” des Senators McCarthy, der hinter jedem sozial engagierten Prominenten einen Kommunistenfreund witterte. Hier bestätigt sich wieder einmal die Erfahrung, daß Menschen im Einflußbereich der 8 allen Gewissensfragen einen hohen Stellenwert einräumen. Es ist für sie von elementarer Wichtigkeit, ihr Verhalten gleichermaßen vor sich selbst und vor der Gemeinschaft zu legitimieren.

Im Zusammenhang mit Chaplins letztendlicher Abkehr von Amerika und seiner Rückkehr nach England zeigt sich aber auch ein typisches Phänomen aus dem Wirkungsbereich der Zahl 1. Der davon beeinflußte Mensch strebt instinktiv danach, seinen persönlichen Freiraum zu erhalten bzw. wieder herzustellen. Er schüttelt Beschränkungen, die ihm auferlegt werden, schneller und entschlossener ab als andere Menschen. Als "Einser" kann man sich eben besonders effektiv auf veränderte Situationen einstellen. Von der 2 her wiederum kommt das Gespür für die Zusammenhänge der Situation und die realistische Einschätzung der Lage, in Chaplins Fall hinsichtlich der Frage, ob sich gegen das Unrecht der Abstempelung als "Feind Amerikas" überhaupt etwas unternehmen ließe. Da Chaplin auch von der 8 her geprägt war, steht zu vermuten, daß er sich die Entscheidung nicht leicht gemacht hat, ob er das Feld räumen oder standhalten sollte. Offensichtlich überwogen aber die Einflüsse aus dem Bereich der 1. Wäre eine 9 in seinen Zahlen, hätte er womöglich statt der äußeren die innere Emigration gewählt.

Dieses Beispiel verdeutlicht, wie die Handlungsweise eines Menschen an einem Scheideweg seines Lebens verständlich gemacht werden kann. Dem gewöhnlichen Verstand erscheint das Tun und Lassen eines Menschen gerade in solchen entscheidenden Situationen oft als rätselhaft. Mit Hilfe der Numerologie jedoch werden jene tieferen Tendenzen der Persönlichkeit transparent, die dann den inneren Orientierungsrahmen der Persönlichkeit bilden.

Halten wir fest:

- Am Beispiel Charlie Chaplins wird klar, daß jede einseitige Betrachtungsweise den Blick auf die Ganzheit der menschlichen Persönlichkeit verstellt.
- Stets gibt es mehrere, oft widerstrebende Tendenzen in einem Menschen.
- Dem trägt die Numerologie dadurch Rechnung, indem sie die Einflüsse mehrerer Zahlen als ein freies Spiel von Kräften betrachtet, die sich gegenseitig ausbalancieren.

Die Schicksals-Monade

Aus dem Geburtsdatum läßt sich die Schicksals-Monade errechnen. Sie gibt Aufschlüsse darüber,

- welche inneren Kräfte im Leben eines Menschen wirken,
- was für sein Dasein von besonderer Bedeutung ist und mit welchen schicksalhaften Gegebenheiten er leben muß.

In Verbindung mit der Persönlichkeits-Zahl differenziert die Schicksals-Monade unser Bild über Lebensweg, Lebensaufgabe oder Berufung eines Menschen.
Hier ein Beispiel für die Berechnung aus dem Geburtsdatum 07. 06. 1956:

07. 06. 1956 = 0 + 7 + 0 + 6 + 1 + 9 + 5 + 6 = 34
3 + 4 = 7

Schicksals-Monade ist die Zahl 7.

Eine mögliche Deutung könnte unter den Stichworten "Drang nach Selbstdarstellung", "Erfolg durch Leistung" und "Profilierung der eigenen Persönlichkeit" stehen. Anhaltspunkte würde der zur Zahl 7 gehörige Abschnitt weiter vorn in diesem Buch geben. Die Analyse kann aber natürlich auch rein intuitiv, vor allem aus der Deutung der entsprechenden Tarot-Karte heraus gewonnen werden.

Führen wir die Arbeit mit der Schicksals-Monade am Beispiel einer namhaften Figur der Esoterik des 20. Jahrhunderts fort: Aleister Crowley, geboren als Edward Alexander Crowley am 10. 12. 1875.

Dieses Beispiel ist nicht nur wegen der schillernden Persönlichkeit Crowleys interessant, sondern auch deshalb, weil ein bemerkenswerter Namenswechsel vorliegt.
Die Berechnung:

E d w a r d		**A l e x a n d e r**		**C r o w l e y**
5 + 4 + 6 + 1 +20+ 4		1 +12+ 5 +21+ 1 +14+ 4 + 5 +20		18+20+19+ 6 +12+ 5 +16
=40		=83		=96
4		11		15
4	+	2		6
	=6		+	6
			= 12	
			3	

Folgende Große Arkana sind zu berücksichtigen: 4 - DER HERRSCHER, 11 - KRAFT, 2 - DIE HOHEPRIESTERIN, 15 - DER TEUFEL, 6 - DIE LIEBENDEN, 12 - DER GEHÄNGTE und 3 - DIE HERRSCHERIN.

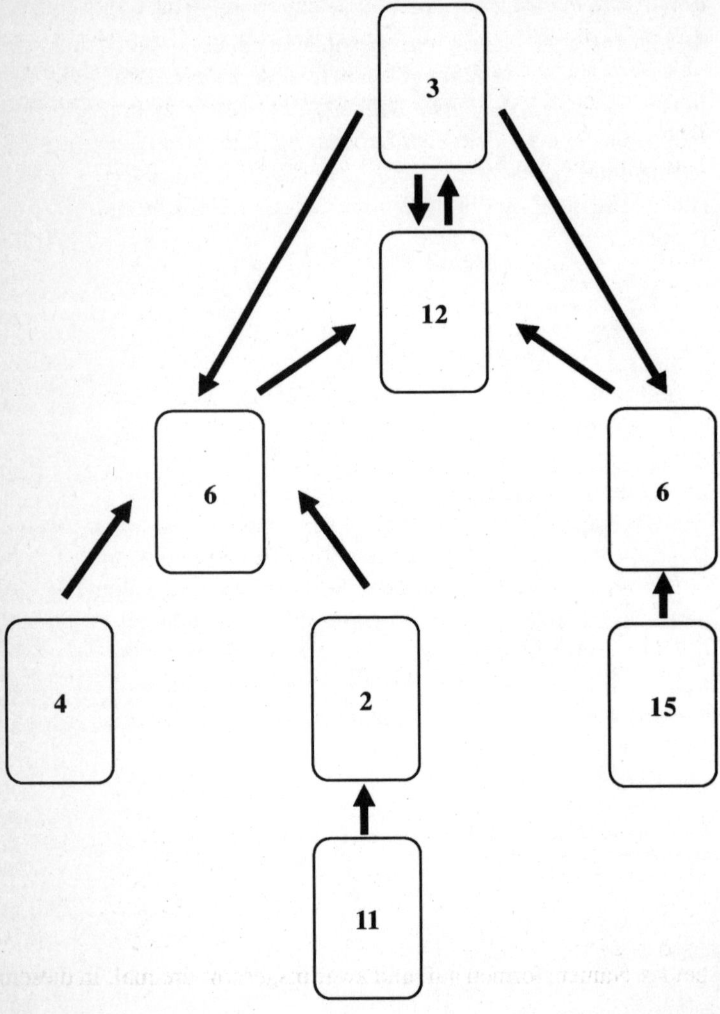

Hier ist die 6 gleich zweimal für die Auswertung bedeutsam. Das heißt, daß der Einfluß dieser Zahl entsprechend stark ist. Es ist jedoch nicht nötig, zwei Tarot-Spiele zur Hand zu haben, um dieses Ergebnis auch mit zwei 6er-Karten zu veranschaulichen. Wichtig ist immer nur, daß das besondere Gewicht der mehrfach auftretenden Zahlen berücksichtigt wird. Sobald Sie sich die Tarot-Motive und ihre grundlegenden Bedeutungen eingeprägt haben, genügt es ohnehin, sich die Zahlen einfach aufzuschreiben. Damit aktivieren Sie die Bilder vor Ihrem geistigen Auge.

Nun noch die Berechnung unter Verwendung des selbstgewählten Vornamens:

A l e i s t e r		**C r o w l e y**
1 + 12 + 5 + 10 + 15 + 9 + 5 + 20		18 + 20 + 19 + 6 + 12 + 5 + 16
= 77		= 96
14		15
5	+	6
	= 11	

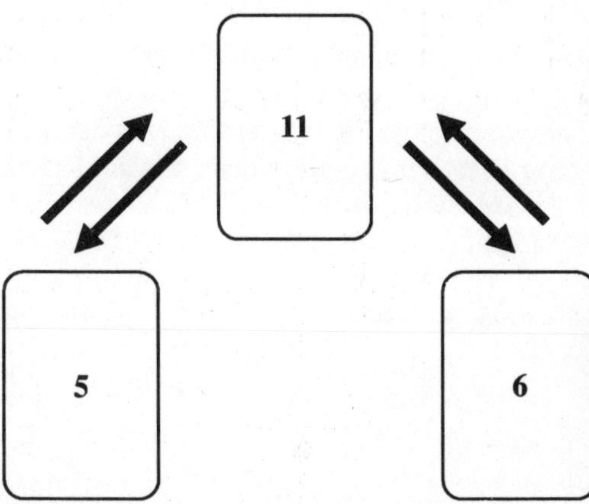

Hier haben wir es also mit der Meisterzahl 11 als Persönlichkeitszahl zu tun! Mit diesem Namen ist Crowley zum berühmt-berüchtigten Magier geworden. Auffällig ist dabei folgendes: Die Zahl 6 tritt in beiden Namensformen auf, und zwar insgesamt dreimal. In diesem

Zusammenhang ist es ausgesprochen interessant, daß Crowley sich in Anlehnung an eine Bibelstelle aus der Offenbarung des Johannes als “das Große Tier 666” bezeichnete. Darüber hinaus fällt auf, daß auch die Zahl 15 in der numerologischen Auswertung beider Namensformen beachtet werden muß. Wie wir bereits gesehen haben, weist sie stets auf eine ausgeprägte Bedeutung der Sexualität bei dem betreffenden Menschen hin. Er lebt, leidet und genießt in Extremen, und was Crowley betrifft, so war er es ja, der der Sexualmagie in der neuzeitlichen Esoterik wieder zu stärkerer Beachtung verhalf. Sein Leben lang hat er dabei mit den Kräften des Dunkels gerungen, die durch die 15 verkörpert werden.
Nehmen wir noch das Geburtsdatum hinzu:

12. 10. 1875 = 1 + 2 + 1 + 0 + 1 + 8 + 7 + 5 = 25
2 + 5 = 7

11 + 7 = 18
9

Crowleys Leben reflektiert in der Tat eindrucksvoll die Kräfte der 9. Ist er doch im Grunde stets ein einsamer Sucher gewesen, wie viele Menschen er auch in seinen Bann schlagen mochte. Diese existenzielle Situation wird durch das Große Arkanum 9 - DER EREMIT ausgedrückt. Aber auch 18 - DER MOND darf nicht außer acht gelassen werden: Wer ein Bild von Crowleys persönlichen Krisen erhalten möchte, braucht nur in seinen berühmten Tagebüchern nachzulesen. 18 - DER MOND stellt zusammen mit 11 - KRAFT (die für Charisma steht) und 2 - DIE HOHEPRIESTERIN (Geheimnis und Intuition) eine Verbindung dar, die treffend die Aura des großen Okkultisten, die Crowley umgab, zum Ausdruck bringt.

Ausgesprochen instruktiv ist auch der Fall des Grigori Jefimowitsch, der unter diesem Namen allerdings nur ein unbedeutender russischer Mönch war.

G r i g o r i		**J e f i m o w i t s c h**
3 +20+10+ 3 +19+20+10		10+ 5 +17+10+13+19+ 6 +10+ 9 +15+18+ 8
=85		= 140
13		5
4	+	5
	=9	

Das Ergebnis entspricht also nahtlos der Existenzweise dieses Mannes, denn es ist das Große Arkanum 9 - DER EREMIT, welches wir zur Auswertung heranziehen müssen. Doch damit enden die Übereinstimmungen zwischen Lebensweg und Zahlen auch in diesem Fall nicht. Berühmt wurde Jefimowitsch unter dem Namen Rasputin, und hier erbringt die Berechnung ein wirklich verblüffendes Ergebnis:

R a s p u t i n
20+ 1 +15+17+ 6 + 9 +10+14
=92
11

Es ist also die Meisterzahl 11, die nach dem Namenswechsel auftritt. Sie paßt perfekt zu jener Rolle, die Rasputin als charismatische und umstrittene Persönlichkeit am Hof des letzten Zaren innehatte. Typisch ist hier zweierlei: Zum einen stellte sich der Erfolg erst in der zweiten Lebenshälfte ein (Einfluß der 9). Zum anderen erfolgte ein geradezu kometenhafter Aufstieg unter dem neuen Namen Rasputin (Einfluß der 11).

Natürlich wäre es ein gedanklicher Kurzschluß, zu glauben, ein neuer Name allein reiche aus, um ein neuer Mensch zu werden. Um ein einfaches Bild zu gebrauchen: Das wäre dasselbe, wie wenn man ein altes Auto neu lackiert, ohne vorher die Roststellen zu entfernen. Bereits nach kurzer Zeit ist der Lack wieder ab ...

Nur wenn eine wirkliche Wandlung der Persönlichkeit mit der Annahme des neuen Namens einhergeht, wird sich tatsächlich etwas ändern. Oder anders ausgedrückt: Eine gewandelte Persönlichkeit kann durch einen anderen Namen ihren Ausdruck finden.

Anhand einiger kurzer Fallstudien sei noch gezeigt, wie der Einfluß ein und derselben Zahl bei unterschiedlichen Personengruppen, die in verschiedenen Lebenswelten existieren, zu geradezu konträren Wirkungen führen kann.

Für Politiker zum Beispiel scheint die Zahl 15 eine wenig erfreuliche Bedeutung zu besitzen. Führen wir uns die Beispiele von Richard Nixon und Margaret Thatcher vor Augen:

```
R  i  c  h  a  r  d            N  i  x  o  n
20+10+18+ 8 + 1 +20+ 4          14+10+21+19+14
        =81                          =78
         9                            15
         9            +               6
                     =15
                      6
```

```
M  a  r  g  a  r  e  t          T  h  a  t  c  h  e  r
13+ 1 +20+ 3 + 1 +20+ 5 + 9     9 + 8 + 1 + 9 +18+ 8 + 5 +20
       =72                              =78
        9                                15
        9             +                  6
                     =15
                      6
```

Beide standen sie auf dem Gipfel ihrer Macht, als sie selbst das Unheil über sich heraufbeschworen: Bei Nixon war es die Watergate-Affäre, bei Mrs. Thatcher die Kopfsteuer, die abrupt zum Karriere-Knick führte. Viele Beispiele beweisen, daß berühmte Personen, die stark von der 15 her geprägt werden, durch Skandale einen tiefen Fall erleben können.

Ganz anders wirkt sich die 15 auf das künstlerische Schaffen aus. Unverkennbar bleibt, daß auch beim Künstler das Unbewußte, dunkel-Geheimnisvolle hervortritt, doch bietet seine kreative Tätigkeit offensichtlich eine bessere Möglichkeit zur Sublimierung der spannungsvollen Kräfte der 15. Ein hervorragendes Beispiel ist Salvador Dali:

```
S  a  l  v  a  d  o  r          D  a  l  i
15+ 1 +12+ 6 + 1 + 4 +19+20     4 + 1 +12+10
         =78                        =27
          15                          9
          6           +               9
                     =15
                      6
```

In den vorn gegebenen Deutungen der Zahlen und Tarot-Karten werden Sie den unverwechselbaren Charakter des großen Malers ohne weiteres wiederfinden.

Fassen wir zusammen, was die Unterschiede in den Auswirkungen der Zahl 15 auf das Leben zweier unterschiedlicher Personengruppen bedingt:

- Der Künstler führt ein Leben, in dem er sein Inneres durch die Kunst ausdrücken und bis zu einem gewissen Grade sublimieren und harmonisieren kann.
- Der Politiker hingegen ist in einer weniger vorteilhaften Situation: Er kann zwar große Erfolge erringen, aber sein Inneres spielt nur eine untergeordnete Rolle bei der Lebensaufgabe, die er sich gewählt hat.
- Verdrängung und Unterdrückung unbewußter Strebungen der Seele führen meistens dazu, daß man sich selbst unnötige Probleme bereitet. Und je exponierter die eigene Position ist, um so verheerender werden auch die Konsequenzen sein.

Die Herz-Zahl

Die Herz-Zahl wirkt aus dem innersten Wesen eines Menschen heraus, sie gibt Auskunft über seine tiefsten Wünsche und verborgensten Sehnsüchte. Ihr Wirken ist so subtil und geheimnisvoll, daß das, was sie bewirkt, von der betreffenden Person erst zu einem recht späten Zeitpunkt – oder vielleicht überhaupt nicht – wahrgenommen wird. Viele werden erst durch einen anderen Menschen, mit dem sie sich in tiefer Partnerschaft verbunden fühlen, zum Verständnis ihrer Herz-Zahl geführt. Der Lebensbereich von Partnerschaft, Liebe und Seelenverwandtschaft ist es denn auch, der von ihr beherrscht wird.

Gemeinsam betrachtet, geben die Herz-Zahlen zweier Menschen Auskunft über das Potential, das eine Partnerschaft zwischen ihnen in sich birgt bzw. bergen könnte. Sie sagen jedoch nichts Bestimmtes darüber aus, ob es auch zu einer Partnerschaft kommt! Dies hängt noch von anderen Einflüssen ab, die im Zusammenhang mit den anderen wichtigen Zahlen beider Persönlichkeiten gewürdigt werden sollten.

Die Herz-Zahl wird nach dem sogenannten "Schwindeschema" ermittelt, das auch für althergebrachte Zaubersprüche verwendet wird. Um sie zu erhalten, greift man auf die Eigen-Zahl, die Stamm-Zahl und das Geburtsdatum zurück.

Auch hier ein Beispiel:

```
Günter    Hager     06.      05.      1954
  62       37        6        5        19
   8        1        6        5         1
    \      /  \     /  \     /  \      /
       9        7        2        6
        \      /  \     /  \     /
           7        9        8
            \      /  \     /
               7        8
                \      /
                   15
                    6
```

Hier die einzelnen Rechenschritte:

8 1 6 5 1

8 + 1 1 + 6 6 + 5 5 + 1

11

9 7 2 6

9 + 7 7 + 2 2 + 6

16

7 9 8

7 + 9 9 + 8

16 17

7 8

7 + 8

15

6

Herz-Zahl ist hier die 6; also sind die Textpassagen bezüglich der Monade 6 und der dazugehörigen Großen Arkana heranzuziehen.

Numerologische Analyse von Partnerschaften

Mit Hilfe der Herz-Zahlen zweier Menschen erhalten wir Aufschlüsse über eine mögliche Partnerschaft zwischen ihnen. Zunächst wird für jeden der beiden seine eigene Herz-Zahl ermittelt. Die beiden Zahlen, die man dadurch erhält, werden **nicht** miteinander addiert! Vielmehr kommt es darauf an, sie sinnvoll miteinander in Beziehung zu setzen. Untenstehend finden Sie eine Aufstellung aller denkbaren Zahlenkombinationen und der dazugehörigen grundsätzlichen Deutungen der jeweiligen Verbindung.
Doch zuvor noch einige allgemeine Hinweise zur Auswertung der Herz-Zahl in Partnerschaften:

- Genaueres über die Entwicklung einer Partnerschaft erfährt man durch eine Würdigung der Bedeutungen aller Zahlen, die für jeden der beiden Partner wichtig sind.
- Haben zwei Personen dieselbe Herz-Zahl, so heißt das nicht automatisch, daß sie sich optimal zur Partnerschaft eignen. Ihr gemeinsames Problem ist ihre Ähnlichkeit miteinander! Eine spontane Anziehung mag gegeben sein, doch wie lange wird es dauern, bis sich Langeweile einstellt?
- Bitte beherzigen Sie auch hier wieder eine Grundregel, die für alles gilt, was Sie in diesem Buch erfahren: Es geht nicht darum, etwas auswendig zu lernen und dann mechanisch anzuwenden. Gehen Sie mit Hilfe der gegebenen Hinweise kreativ zu Werke – Ihre eigene Intuition wird Sie zu den fruchtbarsten Erkenntnissen führen!

1:1

Eine unstabile Verbindung. Beide Partner fühlen sich zwar voneinander angezogen, doch bevorzugen sie jeweils ihren individuellen Weg; von daher bleiben sie wankelmütig, und es kommt zu periodischen Trennungsabsichten.

1:2

Spontane Sympathie ist vorhanden, doch herrscht ein problematischer Umgang miteinander. Nach Überwindung von Anfangsschwierigkeiten besteht aber gute Aussicht auf Beständigkeit der Beziehung.

1:3

Eine vorteilhafte gegenseitige Ergänzung bringt Stabilität in die Beziehung und läßt beiden gleichermaßen den Entfaltungsspielraum.

1:4

Instabilität durch unterschiedliche Interessen; man steht sich leicht gegenseitig im Wege. “Vierer” neigen dazu, “Einser” zu reglementieren, wodurch deren Freiheitsdrang aber nur herausgefordert wird, obwohl sie sich vorübergehend flexibel darauf einstellen mögen.

1:5

Man erlegt sich gegenseitig Beschränkungen auf: Obwohl der “Einser” den “Fünfer” anspornen und motivieren kann, fehlt es diesem doch oft an innerer Beweglichkeit, wodurch jener sich unsanft gebremst fühlt.

1:6

Die Beziehung kennzeichnet ein lebhaftes, ja aufregendes Miteinander und wird phantasievoll gestaltet. Beide Partner können sich gegenseitig fördern, doch der Haken ist mangelnde Beständigkeit.

1:7

Erst gibt es Schwierigkeiten, dann ist harmonisches Miteinander möglich. Doch muß jeder der beiden seine Eigenständigkeit wahren können.

1:8

Gegensätze ziehen sich an: Es besteht eine leidenschaftliche Zuneigung, aber Unbeständigkeit verhindert meistens die kontinuierliche Beziehung.

1:9

Trotz gegensätzlicher Auffassungen ist eine befriedigende Partnerschaft möglich, weil gemeinsame Interessen bestehen. Ob allerdings eine tiefere Beziehung daraus wird, ist fraglich.

2:2

Schwanken und Wankelmut; trotz gegenseitiger Anziehung finden beide nur selten ungezwungen Zugang zueinander. Die Beziehungsgrundlagen verbleiben im Unbestimmten.

2:3

Auf der Grundlage einer starken Gefühlsbetontheit herrscht Abhängigkeit von Stimmungen und Launen. Echter Zusammenhalt wird zwar gewünscht, läßt sich aber nur bedingt realisieren.

2:4

Gegenseitige Anziehung und Anregung sind gegeben, doch ebenso auch Schwierigkeiten im Auskommen miteinander. Beide haben Probleme damit, sich dem jeweils anderen zu öffnen.

2:5

Lebhafte, aber vorübergehende Verbindung. Beide Partner könnten sich im Gunde optimal ergänzen. In der Praxis wird dies häufig aber durch zu unterschiedliche Ansprüche aneinander verhindert.

2:6

Tiefe seelische Verbundenheit ermöglicht eine belebende, doch selten dauerhafte Verbindung. Der "Zweier" neigt dazu, sich dem "Sechser" gegenüber überlegen zu fühlen und hat deshalb Schwierigkeiten, diesen als ebenbürtig zu akzeptieren.

2:7

In der Normalsituation ergänzt man sich noch, doch problematisch wird es in Krisensituationen. Dann werden die unterschiedlichen Ansprüche aneinander deutlich. Schnell erklärt man diese Unterschiede als "unüberwindlich".

2:8

Nähe wird gewünscht, doch bleibt die Verbindung meist unbeständig. Der "Zweier" versucht gern, das Heft in die Hand zu nehmen und die Beziehung in seinem Sinn zu beeinflussen.

2:9

Starke Anziehung im seelischen Bereich, daher gute Chancen auf eine dauerhafte Beziehung. Es ist jedoch mit Gefühlsschwankungen zu rechnen, die zu zeitweiliger Trennung führen können.

3:3

Nur auf den ersten Blick eine solide Partnerschaft. Die Risse darin werden in Krisensituationen schnell sichtbar.

3:4

Ausgewogenes Kräftespiel in der Beziehung, daher gute Chancen auf Beständigkeit. Beide können sich in ihrer jeweiligen Entwicklung gegenseitig fördern.

3:5

Wechselseitiges Verständnis, große Harmonie. Nachdem der "Dreier" dem "Fünfer" mehr Sicherheit gegeben hat, herrscht absolute Gleichberechtigung.

3:6

Man ergänzt sich, regt sich gegenseitig an und kann auch langfristig gut miteinander auskommen.

3:7

Optimales Zusammenspiel der Charaktere, obwohl beide Extreme darstellen. Der "Dreier" gibt dem "Siebener" den Rückhalt, dessen dieser angesichts seiner Eskapaden auch dringend bedarf. Dafür genießt der "Dreier" seine starke Position gegenüber dem "Siebener", einem sonst als unbezähmbar geltenden Individualisten.

3:8

Nur selten entsteht eine dauerhafte Verbindung, denn man kann der Liebe auch durch zuviel Rücksichtnahme aufeinander das Wasser abgraben. Doch bleibt man auf rein freundschaftlicher Basis einander verbunden.

3:9

Sofern der "Dreier" dank seiner Herzenswärme die Gefühle des "Neuners" zum Schmelzen bringt, wird echte Nähe möglich. Beide müssen jedoch viel Geduld und Einfühlungsvermögen beweisen, wenn die Partnerschaft Bestand haben soll.

4:4

Jeder will gegenüber dem anderen dominieren, und schnell behindert man sich gegenseitig. Einander zu akzeptieren fällt schwer, außer im Rahmen einer reinen Zweckbindung. Viel lieber geht man sich aus dem Weg.

4:5

Selten entsteht wirkliche Nähe, da beide schlecht über den eigenen Schatten springen können. Vor allem der "Vierer" hält die Distanz zum Partner.

4:6

Meist ist der "Vierer" der reifere von beiden, und er zeigt dies auf etwas gönnerhafte Art und Weise. Der "Sechser" mag das eine Zeitlang akzeptieren oder sogar genießen, doch wird er es auf Dauer langweilig finden.

4:7

"Positionskämpfe" drohen, daher wird erst eine gemeinsame Zielsetzung und klare Rollenverteilung Beständigkeit ermöglichen. Dem "Siebener" ermöglicht die realistisch-pragmatische Art des "Vierers" ein Loslassen überzogener Ansprüche an sich selbst.

4:8

Es besteht die Aussicht auf Beständigkeit, da man im Grunde gut zusammenpaßt. Probleme können allerdings aus einem unterschiedlichen Rollenverständnis entstehen.

4:9

Beide sind zu kühl und zu reserviert im Umgang miteinander. Vielleicht sollte man einfach einmal zusammen etwas Verrücktes unternehmen.

5:5

Auf geistiger Ebene ist die Übereinstimmung optimal. Das reicht für eine Freundschaft – doch reicht es auch für mehr?

5:6

Vielleicht ohne es zu merken, lebt man aneinander vorbei. Der "Fünfer" kann den "Sechser" noch so intensiv beeinflussen – dieser wird sich bei passender Gelegenheit doch wieder allem entziehen.

5:7

Problematisch sind die gegensätzlichen Zielsetzungen. Der "Fünfer" könnte die richtige Idee für ein gemeinsames Ziel haben. Doch der "Siebener" wird sich eher mit seinen eigenen Ideen durchsetzen.

5:8

Eine vornehmlich vom Geistigen inspirierte Gemeinsamkeit. Der

“Fünfer” wirkt anregend auf den “Achter”, kommt mit diesem aber nicht immer selbst zurecht. Der “Achter” bezieht nicht immer klar Stellung und erwartet bisweilen zuviel von seinem Partner.

5:9

Auf freundschaftlicher Basis ist die Beziehung durchaus gefestigt. Geistiger Austausch ist möglich; beide können viel voneinander lernen und akzeptieren sich gegenseitig. Solange nicht mehr erwartet wird, bleibt die Gemeinschaft stabil.

6:6

An gegenseitiger Anziehung fehlt es nicht. Für eine beständige Beziehung müssen jedoch gemeinsame Ziele und tiefergehende Inhalte gefunden werden.

6:7

Der “Sechser” läßt sich leicht vom “Siebener” beeindrucken, während dieser in jenem etwas sieht und verehrt, was ihm selbst fehlt. Die gegenseitige Ergänzung ist deshalb nur eine scheinbare. Sie wird sich kaum langfristig bewähren.

6:8

Auf freundschaftlicher Ebene ist die Substanz da, doch zur echten Partnerschaft fehlt die Verbindlichkeit – meistens deshalb, weil einer der beiden zu unentschlossen ist. So bestehen zusammen nur begrenzte Entwicklungsmöglichkeiten, zumal es Probleme bei der gemeinsamen Alltagsbewältigung gibt.

6:9

Obwohl eine starke Zuneigung besteht, wird es für beide schwierig, weil man immer zuviel voneinander erwartet.

7:7

Unbeständigkeit wird solange herrschen, wie man sich an oberflächlichen Dingen orientiert. Doch besteht eine Chance auf echte Freundschaft. Man hat schließlich ähnliche Interessen und deshalb auch gemeinsame Ziele. Jedoch nur wenn das Konkurrenzdenken des “Siebeners” außen vor bleibt, sind die Aussichten wirklich positiv.

7:8

Trotz einer starken gegenseitigen Anziehung bleibt es schwierig, mit tieferen Gefühlen umzugehen. Es kann gut möglich sein, daß eine feste Beziehung entsteht, die sich auf einen klar umgrenzten, sehr speziellen Bereich gründet.

7:9

Problematisch sind die häufig sehr unterschiedlichen Auffassungen und Ansprüche aneinander. Sie lassen kaum ein unverkrampftes Miteinander zu. Echten Konsens zu finden, erfordert jedesmal einen großen Aufwand an emotionaler Energie.

8:8

Es droht über kurz oder lang ein Mangel an innerer Beteiligung, emotionaler Initiative und Stabilität. Die Verbindung hält aber möglicherweise aufgrund äußerer Verpflichtungen bzw. zweckrationaler Erwägungen.

8:9

An hohen Zielen mangelt es nicht, wohl aber oft am Realitätsbezug. Doch die Bindungskräfte sind stark.

9:9

Schwierig wird es dadurch, wenn beide Angst vor Nähe haben. Abstand ist dann erforderlich, um dennoch gut miteinander auszukommen.

Strukturierte numerologische Auswertung

Wir haben nunmehr verschiedene Möglichkeiten kennengelernt, aus dem Namen und dem Geburtsdatum durch numerologische Berechnung verschiedene aussagekräftige Zahlen zu gewinnen. Jede dieser Zahlen wurde einzeln ausgewertet, um Aufschluß über Persönlichkeit, Beziehungsleben und Schicksalsweg der betreffenden Person zu erhalten.

Man kann diese einzelnen Zahlen aber auch zusammengenommen betrachten und damit die innere Struktur aller Lebensfaktoren, die in der Existenz eines Menschen wirksam sind und sich durch Zahlen ausdrücken lassen, sichtbar machen. Jede Person steht ständig im Wirkungsfeld eines ganzen Bündels von Kräften und Tendenzen, und davon kann man sich durch die strukturierte numerologische Auswertung ein abgerundetes Bild verschaffen.

- Um den Gehalt der dadurch gewonnenen Zahlen für sich selbst anschaulich darzustellen, sollten Sie wiederum die dazugehörigen Tarot-Karten auslegen.
- Schreiben Sie außerdem hinter die Zahlen, die Sie erhalten haben, jeweils ein oder zwei **Stichworte**, die dem Bedeutungsspektrum der jeweiligen Karten entnommen sind. Damit helfen Sie sich bei der Interpretation, indem Sie Ihrer Vorstellungskraft einen Anhaltspunkt geben, ohne sie in ein Korsett vorgefertigter Deutungen zu zwängen.

Es gibt zwei Verfahren für die strukturierte Auswertung.

1. Verfahren im Beispiel:

Persönlichkeits-Zahl = 9 - Weisheit, Suche
Herz-Zahl = 6 - Wahl
Schicksals-Monade = 3 - Fülle, Fürsorge

2. Verfahren im Beispiel:

Hier werden auch Eigen- und Stamm-Zahl berücksichtigt. So läßt sich das umfassendste Bild gewinnen.

Eigen-Zahl	=	8 - Gerechtigkeit, Gewissen
Stamm-Zahl	=	1 - Kreativität, Einheit
Persönlichkeits-Zahl	=	9 - Weisheit, Suche
Herz-Zahl	=	6 - Wahl
Schicksals-Monade	=	3 - Fülle, Fürsorge

Auf den ersten Blick mag es schwierig erscheinen, alle Aspekte gemeinsam zu berücksichtigen. Mit einiger Übung werden sich die unterschiedlichen Elemente jedoch wie von selbst zu einem stimmigen Gesamtbild zusammenfügen. Nehmen Sie stets die Karten hinzu und betrachten Sie Zahlen und Bilder als die Begebenheiten in einer Geschichte, die Ihnen über die betreffende Person erzählt wird. Hilfen und Anhaltspunkte, um Ihre Kreativität anzuregen, finden Sie im Kapitel *Die Grundzahlen von 1 bis 9 (Monaden) und die 22 Großen Arkana des Tarot.*

Die strukturierte Auswertung ermöglicht es nicht nur, die Zahlenanalyse mit Hilfe von Name und Geburtsdatum – gleichsam den zentralen "Datenfeldern" der Numerologie – vorzunehmen. Mit ihrer Hilfe können wir die Auswertung auch auf Faktoren ausdehnen, die aus dem Umfeld eines Menschen auf ihn einwirken, ohne daß es ihm zunächst bewußt wird.

Auf diese Weise läßt sich vieles, das in unserem täglichen Dasein eine verborgene Rolle spielt, in seiner speziellen Bedeutung und seinem eigentlichen Stellenwert erkennen. Es können Gegenstände oder Begriffe, Berufsbezeichnungen oder Adressen, sogar Kfz-Kennzeichen und vieles andere mehr untersucht werden. Die numerologische Analyse deckt dabei mitunter wichtige Bezugspunkte und Kraftlinien im Leben auf, die der gewöhnlichen Aufmerksamkeit zu entgehen pflegen.

Nehmen wir als Beispiel eine Frage, die für jeden interessant sein könnte, der dieses Buch liest: Welche Bedeutung hat Tarot für einen bestimmten Menschen mit, sagen wir, der Persönlichkeits-Zahl 9, der Herz-Zahl 6 und der Schicksals-Monade 3?

Das Wort "Tarot" hat den Zahlwert 58 = 13 = 4. Um ihn in Beziehung zur betreffenden Persönlichkeit zu setzen, müssen alle ihre wichtigen Zahlen berücksichtigt werden, denn Tarot ist schließlich ein Spiegel des gesamten menschlichen Lebens. Deshalb wird die Zahl 4 sowohl mit der Persönlichkeits-Zahl als auch mit der Herz-Zahl und der Schicksals-Monade addiert. Wieder schreiben wir hinter die Ergebnisse ein oder zwei charakteristische Stichworte, um der Intuition beim Interpretieren der Zusammenhänge eine Führung zu geben.

Persönlichkeits-Zahl	= 9 + 4 = 13	- Transformation
Herz-Zahl	= 6 + 4 = 10	- Schicksal
Schicksals-Monade	= 3 + 4 = 7	- Dynamik, Erfolg

Hierbei wäre die folgende Interpretation denkbar: Die Begegnung mit der Wahrheit des Tarot kann für die betreffende Person einen tiefgehenden Wandel seiner Persönlichkeit zur Folge haben (13). In tieferen Seelenschichten ermöglicht die Arbeit mit den Karten eine veränderte Haltung gegenüber schicksalhaften Ereignissen und Gegebenheiten (10). Der Betreffende wird unter Umständen den erfolglosen Kampf gegen das eigene Schicksal aufgeben und dadurch mehr innere Ausgeglichenheit erreichen. Hinsichtlich der individuellen Lebensgestaltung besteht die Chance, daß die Tarot-Praxis die Dynamik im eigenen Handeln und damit auch den persönlichen Erfolg fördert (7). Probleme könnten sich allerdings dann ergeben, wenn Erfolgsstreben zum Erfolgszwang wird. Diese oft in Verbindung mit der 7 anzutreffende negative Tendenz wird jedoch durch die wohltuende, harmonisierende Wirkung der beiden anderen Zahlen gemildert, vielleicht sogar aufgehoben.

An dieser Stelle sei nochmals darauf hingewiesen:

- Eine mechanische Vorgehensweise, die den Verhältnissen des Einzelfalls nicht Rechnung trägt, kann niemals zu einem aussagekräftigen Ergebnis führen.
- Es wäre zum Beispiel ganz verfehlt, anzunehmen, daß alle Begriffe mit dem Zahlwert 4 in Verbindung mit der Persönlichkeits-Zahl 9, der Herz-Zahl 6 und der Schicksals-Monade 3 auf genau dieselbe Art und Weise gedeutet werden müßten, wie es im vorliegenden Beispiel geschah.
- Das letzte Beispiel bezieht sich allein auf den Begriff "Tarot", und die Stichworte wurden im Hinblick auf die Gedankenwelt gewählt, die damit in Verbindung steht.
- Genauso muß es inbezug auf jeden beliebigen anderen Begriff geschehen: Die Deutung sollte stets flexibel erfolgen, ihre grundlegenden Inhalte müssen dem gegebenen Zusammenhang entnommen sein.

Hervorragend geeignet für eine strukturierte Auswertung sind die Zahlenkombinationen zweier Partner, wie wir sie oben bereits kennengelernt haben. Um die Fülle des dabei zu bewältigenden Zahlenmaterials in den Griff zu bekommen, lernen wir jetzt eine weitere Berechnungsweise kennen. Sie führt zur "Essenz" aller beteiligten Zahlen, d. h. zur Kernbedeutung, in der sich die wesentlichen Merkmale der Gesamtsituation bzw. der Partnerkonstellation konzentrieren. Um zur Essenz zu gelangen, addiert man alle numerologisch ermittelten Zahlen und bildet von diesem Ergebnis die Quersumme.

Erneut ein Beispiel einschließlich möglicher Stichworte zur Interpretation:

Eigen-Zahl	= 8	: 6 - Gerechtigkeit	:	Wahl
Stamm-Zahl	= 1	: 5 - Kreativität	:	Lehre
Persönlichkeits-Zahl	= 9	: 2 - Weisheit	:	Intuition
Herz-Zahl	= 6	: 3 - Wahl	:	Fülle
Schicksals-Monade	= 3	: 7 - Fülle	:	Profilierung
Summen	= 18	: 12		
	9	: 3		
Essenz	= 9	+ 3		
	= 12			
	3			

Der Essenz dieser Kombination entsprechen also die Tarot-Karten 12 - DER GEHÄNGTE und 3 - DIE HERRSCHERIN.

Wenn man will, kann man auch mehr als zwei Personen in diese Form der Analyse einbeziehen. Somit ist eine strukturierte Auswertung ganzer Gruppen möglich, z. B. von Arbeitsteams, Sportmannschaften, Wohngemeinschaften usw.

Unser Beispiel:

		1. Person		**2. Person**		**3. Person**
Eigen-Zahl	=	8	:	6	:	7
Stamm-Zahl	=	1	:	5	:	8
Persönlichkeits-Zahl	=	9	:	2	:	6
Herz-Zahl	=	6	:	3	:	5
Schicksals-Monade	=	3	:	7	:	2
Summen	=	18	:	12	:	14
		9	:	3	:	5
Essenz	=	9	+	3	+	5
				= 17		
				8		

Die Essenz dieser Kombination wird durch 17 - DER STERN und 8 - GERECHTIGKEIT ausgedrückt.

Mit Hilfe der Essenz läßt sich die grundlegende Tendenz der Angelegenheit erkennen. Wenn man jedoch nähere Aufschlüsse über bestimmte Aspekte des Beziehungslebens zweier Partner oder einer Gruppe erhalten will, so empfiehlt sich ein etwas differen-zierteres Vorgehen.

Gesetzt den Fall, wir wollen herausfinden, welche der im letzten Beispiel beteiligten Personen besonders eng miteinander verbunden sind. Dann lösen wir die Herz-Zahlen aus der Berechnung der Essenz heraus und betrachten sie im gesonderten Zusammenhang:

Die Herz-Zahlen sind 6, 3 und 5. Es sind also die Kombinationen 6 : 3, 6 : 5 und 3 : 5 möglich. Nun greifen wir auf die Erklärungen im Kapitel *Numerologische Analyse von Partnerschaften* zurück. Unschwer ist zu ersehen, daß die erste und die zweite Person über das reichhaltigste Beziehungspotential verfügen.

Indem man dieses Verfahren weiter strukturiert, läßt sich ein detailgenaues Gruppen-Psychogramm erstellen. Dazu werden nach der Auswertung der Herz-Zahlen (im oben beschriebenen Modus) auch die Eigen- und Stamm-Zahlen einer gemeinsamen Betrachtung unterzogen. Sie geben über die Beziehungs-Potentiale und Interaktionen innerhalb der Gruppe Auskunft.

Bleiben wir beim letzten Zahlenbeispiel, und verbinden wir es mit einer Deutung, die sich auf die obigen Analysen der Partner-Kombinationen stützt:

		1. Person		**2. Person**		**3. Person**
Eigen-Zahl	=	8	:	6	:	7
Stamm-Zahl	=	1	:	5	:	8

Die Zahlen lassen vermuten, daß die Person 3 dazu neigen wird, sich selbst in den Vordergrund zu spielen. Zwischen Person 1 und 2 dürfte stillschweigendes Einvernehmen darin bestehen, gemeinsam gegen Person 3 Stellung zu beziehen. Person 2 kann aber durchaus auch vermittelnd wirken (5 als Stamm-Zahl), so daß ihr eine entscheidende Rolle für ein harmonisches Gruppenklima zukommt. Verläßt Person 2 die Gruppe, dann dürften auch die beiden anderen getrennte

Wege gehen, sofern sie nicht durch die bestehenden Rahmenbedingungen noch länger aufeinander angewiesen bleiben.

Strukturierte Berechnungen erlauben die numerologische Beschäftigung mit einer praktisch unbegrenzten Vielfalt von Ereignissen, Sachverhalten, Dingen und zwischenmenschlichen Verhältnissen. Es darf dabei jedoch nicht vergessen werden:

- Die Numerologie ist keine Zahlenspielerei! Es mag reizvoll erscheinen, dies und das einer numerologischen Auswertung zu unterziehen, auch ohne daß ein echtes persönliches Bedürfnis dahintersteht. Doch damit verkennt man das Wesen dieser Methode und bringt sich womöglich um die Chance, dadurch ein Stück Lebenshilfe zu erhalten bzw. zu geben.
- Die Numerologie ist zwar einfach anzuwenden, und das gemeinsame Nachdenken über numerologische Zahlenanalysen mag mitunter sogar recht unterhaltsam sein. Doch die Ergebnisse, die man dabei erhält, sollten stets auch ein Anlaß zu echter Reflexion sein.

Die Jahres-Analyse

Uns allen ist die uralte Vorstellung geläufig, daß jedes Jahr einen in sich abgeschlossenen Lebenszyklus bildet. Wer hätte nicht schon einmal erfahren, daß das eine Jahr besonders viel Glück, ein anderes um so mehr Unglück brachte, daß in diesem Jahr enorme Fortschritte erzielt wurden und in jenem wiederum alle Entwicklung stillzustehen schien?

Es gibt eine numerologische Berechnungsweise, mit der für jeden einzelnen Menschen die grundlegende Lebenstendenz eines Jahres ermittelt werden kann. Dabei arbeitet man mit der sogenannten **Jahres-Monade**. Sie ergibt sich aus der Quersumme des Kalenderjahres, jedoch ohne dabei die Zahlen für das laufende Jahrhundert zu berücksichtigen.

Beachten Sie bitte bei der Deutung der Jahres-Monade:

- Die Interpretation ist im Zusammenhang eines ganzen Jahres vorzunehmen. Sie kann sich deshalb also nur an übergeordnete Gesichtspunkte halten.
- Die Jahres-Monade sollte stets im Zusammenhang mit der Schicksals-Monade bzw. der Essenz gesehen werden.

Deutungen der Jahres-Monaden

1 Förderlich für jede Art von Neubeginn; ein Jahr des Wechsels, in dem Dinge zur Reife gelangen, damit neue Perspektiven eröffnet und neue Wege beschritten werden können. Vorsicht jedoch vor überhasteten Aktionen!

2 Ein Jahr der Orientierung, in dem man sich neue Ziele setzt oder zumindest Vorbereitungen trifft, um sie zu erreichen. Ob jedoch alles in die Praxis umgesetzt werden kann, bleibt dahingestellt. Unberechenbare Faktoren können dem Lebensweg noch eine andere Richtung geben. In jedem Fall ein richtungweisendes Jahr!

3 Ein Jahr der Konsolidierung: Grundlagen oder erweiterte Voraussetzungen werden geschaffen, bereits Erreichtes für neue Möglichkeiten aufbereitet. Leistungen der Vergangenheit wirken sich segensreich aus. Günstig zum Umziehen und Sich-Niederlassen. Umstellungen, die Einschränkungen auferlegen, könnten es zu einem Jahr der Prüfungen machen.

4 Resultate bzw. Zustände aus dem Jahr der 3 werden gesichert oder planmäßig ausgebaut. Günstig, um an langfristigen Zielsetzungen zu arbeiten. Schwierigkeiten könnten durch Trennungen bzw. Auflösungen entstehen, zu denen man sich zugunsten der Stabilität durchringen muß.

5 Ein Jahr der Wende, in dem die Weichen neu gestellt werden. Verborgenes kommt zum Vorschein. Günstig, um den Dingen endlich auf den Grund zu gehen, etwas Neues zu lernen, sich zu harmonisieren.

6 Günstig für Partnerschaften, Wahl neuer Partner (auch bei Geschäften), Schaffung neuen Vertrauens; Förderung von Kunst und Kreativität. Als problematisch kann sich die Überwindung starker Widerstände erweisen.

7 Ein sehr bewegtes, spannungsreiches Jahr: entweder im Sinne persönlichen Erfolges, z. B. verbunden mit beruflichem Durchbruch, oder im negativen Sinne ein Jahr des schmerzlichen Umbruchs und der Rückschläge.

8 Ein Jahr des Ausgleichs, der Rehabilitation, in dem das Pendel beginnt, in die andere Richtung auszuschlagen. In diesem Sinne ist das Wirken einer "ausgleichenden Gerechtigkeit" zu erwarten.

9 Selten ein Jahr definitiver Entscheidungen, eher günstig für Fortschritte in bereits laufenden Angelegenheiten. Spektakuläre Ereignisse sind kaum zu erwarten, eher zähe Problematiken, möglicherweise schwelende Krisensituationen.

Um dieses Raster flexibel den Gegebenheiten der Wirklichkeit anzupassen, erweist sich erneut die strukturierte Auswertung als hilfreich. Sie ermöglicht es, beim Überschauen des Zeitraumes eines ganzen Jahres den Blick auf spezifische Bereiche zu lenken, die von besonderem Interesse sind.

Wir nehmen als Beispiel das Jahr 1992 (Jahres-Monade 2) und verknüpfen damit die Persönlichkeits-Zahl 9, die Herz-Zahl 6 und die Schicksals-Monade 3. Die Stichworte sind wiederum dazu da, um Zahlen und Karten miteinander in Beziehung zu setzen:

Persönlichkeits-Zahl	= 9 + 2 = 11	- Durchdringung, Überzeugungskraft
Herz-Zahl	= 6 + 2 = 8	- Balance, Ausgleich
Schicksals-Monade	= 3 + 2 = 5	- Wende
Essenz	= 24	
	6	- Wahl

Die Persönlichkeit wird hier von der Meisterzahl 11 beeinflußt und dürfte in 1992 sich vorteilhaft entwickeln, indem Selbstbewußtsein und Überzeugungskraft gestärkt werden. Das Ergebnis wird eine positive Ausstrahlung auf andere Menschen sein. Die seelische Disposition wird durch die 8, die Zahl des Ausgleichs, harmonisiert. Der Betreffende wird sich vermehrt anderen Menschen zuwenden, sucht dabei Stabilität und Ausgleich. Für die 5, die sich aus Schicksals- und Jahres-Monade ergibt und sich auf die Lebensgestaltung bezieht, können wir auf die Erklärungen zurückgreifen, die oben zur Jahres-Monade 5 gegeben wurden. Die Essenz 6 deutet auf eine stärkere Betonung zwischenmenschlicher Belange hin. Für Alleinstehende zeichnet sich eine neue Partnerschaft ab. Dies überrascht durchaus nicht, da auch die übrigen Zahlen in dieselbe Richtung weisen.

Damit sind die praktischen Anweisungen in diesem Buch zu ihrem Ende gelangt. Im Anhang finden Sie noch zusätzliches Material, um Ihre Studien selbständig fortzuführen. Es gibt Ihnen einerseits einen Einblick in den historisch-philosophischen Hintergrund der Numerologie. Andererseits erhalten Sie noch weitere Anhaltspunkte, um die Deutung von Zahlen und Tarot-Karten auf sinnvolle Weise miteinander zu verbinden.

Bevor Sie Ihre eigenen Erfahrungen sammeln werden, noch einige abschließende Hinweise:

- Stets werden Sie in der numerologischen Praxis feststellen, daß Ihre Auswertungen am zutreffendsten sein werden, wenn es dabei um Personen geht, die für Sie von besonderem Interesse sind bzw. in Ihrem Leben eine größere Bedeutung haben.
- Üben Sie deshalb zunächst anhand von Beispielen, die Ihnen persönlich etwas sagen: Personen aus Ihrem eigenen Bekanntenkreis oder Prominente, deren Leben und Charakter Ihnen nicht völlig unbekannt sind.
- Nehmen Sie die Texterklärungen dieses Buches zur Bedeutung der einzelnen Zahlen zur Hilfe, ziehen Sie die Tarot-Karten mit heran und wagen Sie auch einmal Ihre ganz persönliche, individuelle Deutung!
- Dieses Buch kann Ihnen sagen, welche Türen Sie öffnen müssen, um das Geheimnis der Zahlen zu enträtseln. Doch Sie selbst halten alle Schlüssel dazu in der Hand!

Anhang I

Die Zahl – ein ewiges Geheimnis

Im folgenden werden Sie noch einiges Wissenswertes über bestimmte Eigenschaften der Grundzahlen von 1 bis 10 erfahren. Dabei geht es nicht um Mathematik, sondern um den historisch-theoretischen Hintergrund der Numerologie. Vielleicht fühlen Sie sich dadurch angeregt, tiefer in die Materie einzudringen, als es im Rahmen dieses Buches möglich sein kann.

Eine der historischen Wurzeln der Numerologie liegt in der Lehre des Pythagoras von Samos (570/560 bis 480 v. Chr.). Jedes Kind weiß, daß er ein großer Mathematiker war, aber darüber hinaus gilt er auch als einer der bedeutendsten mystischen Philosophen der Antike. Die esoterischen Traditionen seiner Schule, der Pythagoreer, wirken bis in die heutige Zeit nach und dienten im Laufe der Jahrhunderte immer wieder als Anknüpfungspunkt, um das Geheimnis der Zahl zu ergründen.

Die Pythagoreer entwickelten unter anderem die Idee der Tetraktys. Wie schon der Name (von grch. *tetra*, vier) sagt, handelt es sich dabei um die Vorstellung von einer Vierheit, und zwar einer Vierheit von Zahlen und Begriffen, die mit der Kosmologie dieser Philosophenschule zusammenhingen. Bereits hier findet man also jene Verknüpfung von Zahlen und Buchstaben bzw. Begriffen, die für die Numerologie so wesentlich ist.

Die Tetraktys läßt sich in einer geometrischen Figur darstellen. Es ist ein gleichseitiges Dreieck aus 9 Punkten mit einem Punkt in der Mitte. Diese Figur besteht gleichsam aus vier Ebenen und steht in enger Beziehung zu den Zahlen 1, 4 und 10:

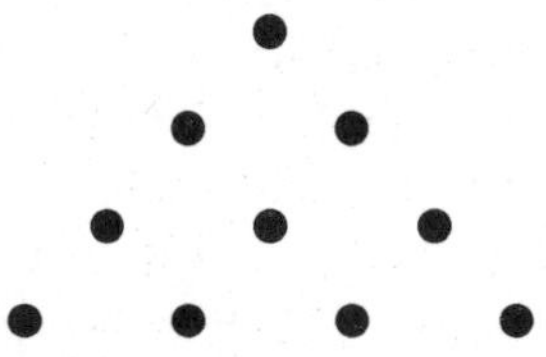

Die Vierheit der Tetraktys drückt eine Fülle von kosmologischen Vorstellungen aus und wurde in der Antike als komplexes Symbol für die Ganzheit des Lebens verstanden. So schreibt der jüdische Philosoph Philon von Alexandria (25 v. Chr. bis 50 n. Chr.) in seinem Kommentar zum biblischen Schöpfungsbericht: "Das ist der Grund, warum (am vierten Tag) zuerst die Erde sproßte und grünte. Der Himmel aber ward alsdann ausgeschmückt in einer vollkommenen Zahl Vier, die man wohl, ohne fehlzugehen, als Ausgangspunkt und Quelle der Vollkommenheit der Zehn bezeichnen könnte. Denn was die 10 in Wirklichkeit ist, das ist die 4, wie es scheint, in der Möglichkeit. Werden nämlich die Zahlen von 1 bis 4 der Reihe nach zusammengezählt, so ergeben sie die Zahl 10 ..." (zitiert nach VAN DER WAERDEN, S.106).

Wir wollen versuchen, diese geheimnisvolle Textstelle in den gegebenen Zusammenhang zu stellen. Dadurch ist nämlich der Sinngehalt der Tetraktys zu verdeutlichen und das Mysterium der Zahlen zumindest teilweise zu entschleiern. Nehmen wir ein aktuelles Standardwerk zur Hand, das sich dieser Problematik widmet, so finden wir darin eine Stelle, die sinngemäß dasselbe sagt wie der antike Philosoph Philon: Es heißt dort, "daß aus dem Urgrund des Seins (der 1) und der Polarität der Erscheinungen (der 2), der dreifachen Wirkung des Geistes und der Vierzahl der Materie ... die Vielheit zur Einheit wird" (ENDRES UND SCHIMMEL, S. 197). Mit anderen Worten: Auf einer höheren Ebene des Seins – versinnbildlicht durch die vierte, höchste Ebene der Tetraktys – wird die 10 (als Ausdruck der Vielheit) wieder zur 1 (der Einheit).

Dies alles mag etwas mysteriös, ja durchaus unlogisch im Sinne des "gesunden Menschenverstandes" erscheinen, es stecken jedoch hochphilosophische Erwägungen dahinter, die seit Jahrtausenden viele kluge Köpfe beschäftigt haben.

Bereits bei Philon von Alexandria wird, wie wir gesehen haben, auf die besondere Bedeutung der Zahl 4 hingewiesen. Dies nicht nur deshalb, weil nach dem biblischen Schöpfungsbericht am vierten Tage die Erde erschaffen wurde. Numerologisch gesehen ist die 4 vor allem deshalb interessant, weil sie die 10 sozusagen "in sich trägt". Wenn man 1 + 2 + 3 + 4 addiert, ergibt sich 10 – und damit im numerologischen Sinne 1. Die 4 ist also gleichsam Ausdruck der Einheit in der Vielheit, und damit berühren wir den Bereich mystischer Erfahrung, der für die Pythagoreer übrigens eng mit der Mathematik verknüpft war.

Zeitgenössische Mathematiker mögen solche Implikationen als belanglos ansehen. Doch sollte man mathematisch in Erwägung ziehen, daß es sich um zwei Zahlensysteme handelt, die miteinander verbunden werden: die Zahl als Ordnungszahl (1.; 2.; 3. usw.) und die Zahl als Mengenzahl (1 Element, 2 Elemente, 3 Elemente usw.). Es entsteht also eine Art Verschachtelung. Unter dieser Voraussetzung ist die Rechnung berechtigt und zulässig, denn die erste Ebene besteht aus einem Element, die zweite aus zwei Elementen, die dritte aus drei Elementen und die vierte aus vier Elementen. Man kann in gewissem Sinne sagen, daß es sich um eine dreidimensionale Figur handelt, die von der Seite betrachtet wird.

Drehen wir die Figur der Tetraktys einmal:

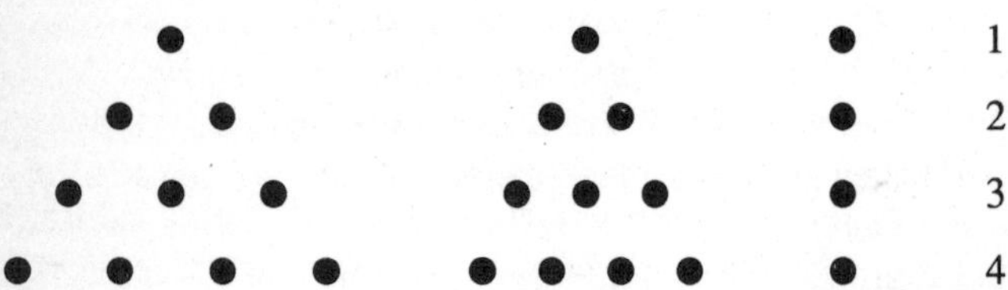

Die Aufsicht wird zur Seitenansicht, die das Dahinterliegende der direkten Sicht entzieht.

Die Aufsicht wird zur Seitenansicht, die das, was dahinter liegt, der Sicht entzieht.

Dieses Schema läßt sich rechnerisch auch auf die übrigen Zahlen übertragen, und dabei ergibt sich eine hochinteressante Tabelle:

			als additive Monade
1 =			= 1
2 =	1 + 2		= 3
3 =	1 + 2 + 3		= 6
4 =	1 + 2 + 3 + 4	= 10	= 1
5 =	1 + 2 + 3 + 4 + 5	= 15	= 6
6 =	1 + 2 + 3 + 4 + 5 + 6	= 21	= 3
7 =	1 + 2 + 3 + 4 + 5 + 6 + 7	= 28 = 10	= 1
8 =	1 + 2 + 3 + 4 + 5 + 6 + 7 + 8	= 36	= 9
9 =	1 + 2 + 3 + 4 + 5 + 6 + 7 + 8 + 9	= 45	= 9
10 =	1 + 2 + 3 + 4 + 5 + 6 + 7 + 8 + 9 + 10	= 55 = 10	= 1

In auffälliger Weise wiederholt sich die 1 im Dreier-Rhythmus, so daß wir die Zahlen wie folgt anordnen können:

			als additive Monaden		
1	2	3	1	3	6
4	5	6	1	6	3
7	8	9	1	9	9
10	11	12	1	3	6
13	14	15	1	6	3
16	17	18	1	9	9
19	20	21	1	3	6
	....			....	

Es ist ein Zyklus, der sich auf drei Ebenen in unendlicher Wiederholung entfaltet. Weiter ist auffällig, daß in diesem Fall insgesamt nur noch vier verschiedene Zahlen als additive Monaden erscheinen. Das heißt, diese Zahlen lassen sich nicht mehr weiter verändern: Die 1 bleibt 1; die 3 könnte zwar zu 6 werden, diese aber kann selbst wiederum nur zu 3 werden: also bilden beide einen in sich geschlossenen Zyklus.

Hier lohnt es sich, die entsprechenden Tarot-Karten zum Vergleich heranzuziehen. Dabei ergeben sich Parallelen, die in der Tat an eine tieferliegende innere Verwandtschaft beider esoterischer Systeme – Tarot und Numerologie – glauben lassen: 3 - DIE HERR-

SCHERIN stellt das Prinzip der Fruchtbarkeit dar und 6 - DIE LIEBENDEN den ewigen Eros, das Prinzip der gegenseitigen Anziehung. Sie verkörpern damit zusammen die Grundelemente der immerwährenden Reproduktion des Lebens. Das Phänomen des zyklischen Geschehens steht also auch hier als Grundgedanke dahinter.

Das Zusammenspiel zwischen 3 und 6 wird durch zwei unveränderliche Zahlen ergänzt und gleichsam "umrahmt", nämlich durch 1 und 9. Auch hier gibt der Vergleich mit den Tarot-Karten zu weitreichenden Gedanken Anlaß: 1 - DER MAGIER repräsentiert das schöpferische Prinzip, das den Anfang jeglicher Entwicklung bewirkt und die dynamische Energie für ihren Fortgang bereitstellt. 9 - DER EREMIT steht, philosophisch betrachtet, für die Zeit als kosmisches Phänomen und gleichzeitig, auf psychologischer Ebene, für das Altern des Menschen. Interessant ist nun, daß die Bedeutung von 19 - DIE SONNE eine Synthese dieser beiden Zahlen 1 und 9 darstellt: schöpferische Energie in Verbindung mit dem Faktor Zeit ermöglicht ein Heranwachsen und Reifen des Lebens.

Die 9 ist auch noch aus anderen Gründen eine bemerkenswerte Zahl. Jede Multiplikation mit 9 ergibt eine Zahl, deren Quersumme wiederum 9 ist. Die Addition jeder Zahl mit 9 ergibt immer eine Summe, deren Quersumme wiederum mit der ursprünglichen einstelligen Zahl identisch ist (z.B.: 6 + 9 = 15 = 1 + 5 = 6). Hier liegt die Erklärung für die Zuordnung des Großen Arkanums 0 - DER NARR zur Zahl 9: Durch Hinzufügung von 9 zu einer beliebigen Zahl bleibt die Quersumme immer dieselbe. Im übertragenen Sinn "verhält" sich die Zahl 9 daher numerologisch ebenso wie die Zahl 0.

Um unsere Gedankenspiele zu Ende zu führen, wollen wir nun noch die additiven Monaden der obigen Tabelle abermals addieren:

1	2	3		1	3	6	=	10	=	1
4	5	6		1	6	3	=	10	=	1
7	8	9		1	9	9	=	19	=	1
10	11	12		1	3	6	=	10	=	1
13	14	15		1	6	3	=	10	=	1
16	17	18		1	9	9	=	19	=	1
19	20	21		1	3	6	=	10	=	1

In jeder Zeile ergibt sich erneut die Quersumme 1. Jede Zeile bildet also – durchaus auch im wörtlichen Sinne – eine Einheit.

Man mag fragen: Worin besteht der handfeste psychologische Sinn, der sogenannte “praktische Nährwert” solcher Zahlenspiele? Vom Standpunkt der realitätsbezogenen numerologischen Praxis aus gesehen ist die Frage sicherlich berechtigt. Dennoch haben solche Überlegungen ihren guten Sinn: Scheint hinter ihnen doch etwas vom schillernden Glanz des ewigen Mysteriums der Zahl auf.

Anhang II

Schlüsselbegriffe zur Deutung der Großen Arkana

0 - Der Narr

Positive, idealistische Triebkraft; Unbefangenheit, Spontaneität; eine unkonventionelle persönliche Art, entwaffnende Offenheit; reine, naive Unschuld, Aufrichtigkeit; Urvertrauen, Optimismus.

1 - Der Magier

Das Prinzip des Schöpferischen schlechthin; geistige Flexibilität und Originalität, Kreativität; die Fähigkeit, sich Ideen bewußt zunutze zu machen; Talente, Gewandtheit, Geschicklichkeit und Improvisationstalent; Selbstverantwortung.

2 - Die Hohepriesterin

Die Tempel- oder Orakelpriesterin des Altertums; Kräfte des Unbewußten, intuitives Wissen und (Vor-)Ahnungen, Geheimnis und Unergründlichkeit; ein scheinbarer Widerspruch, der sich nicht rational verstehen läßt und eine große Faszination ausübt; mediale Fähigkeiten und Kräfte.

3 - Die Herrscherin

Die Große Mutter, Spenderin des Lebens, Mutter Erde; eine Person, die einfach da ist, wenn man in Not geraten ist; Sicherheit, Geborgenheit, Mütterlichkeit, Reichhaltigkeit, Fruchtbarkeit, Fülle, Überfluß, Großzügigkeit, Wärme und Mitgefühl.

4 - Der Herrscher

Der Vater, der erfahrene und integre Führer, der verständnisvolle Vorgesetzte; Wille, Autorität, Dominanz, Durchsetzungskraft, Sicherheit, Kontinuität, Stabilität, feste Ordnung, Selbstbeherrschung, Disziplin, Erfahrung, Väterlichkeit; die natürliche Autorität einer echten Persönlichkeit.

5 - Der Hohepriester

Vermittler zwischen Gott und Mensch, geistlicher Berater; Bewahrer der Konventionen; beansprucht oft eine Ausnahmeregelung für sich selbst; geistige Autorität; Güte, Milde, Nachsicht; Wissen, Tradition, Bildung, Inspiration, Vernunft, Rat, geistige Hilfe und Unterstützung, wohlwollende Partnerschaft – alles jedoch nur solange Sitte, Anstand und Moral gewahrt bleiben; im Extremfall Dogmatismus, Intoleranz oder Bevormundung.

6 - Die Liebenden

Liebe, Zauber der Schönheit, Anziehung und Vereinigung polarer Kräfte, Sympathie; Wahlmöglichkeit, Scheideweg; weniger Verstand und Vernunft als vielmehr Gefühl und Intuition sind gefragt; die innere Stimme spricht.

7 - Der Wagen

Der strahlende Held, Status und Einfluß, Machtdemonstration; Triumph, Erfolg, Dynamik, kraftvolle und ungebremste Entwicklung; Selbstbehauptung, Kampf um den Erfolg; Eroberung, Sieg, persönliche Unabhängigkeit, Eigenständigkeit, Profilierung und Herausbildung der Persönlichkeit; Selbstdarstellung.

8 - Gerechtigkeit

Milde und Strenge des Gerichts; Recht, Fairness, die allgemeinen Wertnormen, Balance, Gleichgewicht, Verantwortlichkeit, Abwägung, Regelung des Zusammenlebens, Gewissen; auch Unsicherheit über die Maßstäbe und Kriterien, die bei der Beurteilung angelegt werden müssen.

9 - Der Eremit

Der weise Sucher, der Einsiedler und "Wanderer in der Wüste"; Zeit als Werden und Vergehen; Zeitlosigkeit; Zurückgezogenheit, Einsamkeit, Abgeschiedenheit, Bedürfnis- und Anspruchslosigkeit, Schlichtheit, Suche nach dem Sinn des Lebens; Integrität, Neutralität.

10 - Rad des Schicksals

Gunst der Stunde, Chance, Glück; Wechsel der Lebensumstände, glückliche Fügung des Schicksals. Das Gesetz des Werdens, das Leben als ewiger Kreislauf, die Flüchtigkeit und Einzigartigkeit jedes Augenblicks; unerwartetes Zusammentreffen von Ereignissen, Begegnungen und Umständen.

11 - Kraft

Mut, Selbstvertrauen, Courage, Selbstbewußtsein, Standhaftigkeit, Geduld; Entschlußkraft, Durchsetzungsvermögen, Überzeugungskraft; Einfühlungsvermögen, geistige Kraft ist stärker als physische Kraft, "steter Tropfen höhlt den Stein"; Überlegenheit des weiblichen Prinzips.

12 - Der Gehängte

Opfer, Prüfung, Verzicht, Unterwerfung, Hingabe; Umkehrung der Werte, Loslassen von Wünschen und Zielen; Martyrium, bewußtes Opfer; etwas wird freiwillig aufgegeben, um etwas Höheres zu erlangen; höhere Einsichten, Selbsterfahrung; "der Klügere gibt nach".

13 - Tod

Ende mit nachfolgender Transformation, Umwandlung, Auflösung und Trennung; tiefgreifender, notwendiger Wandel der Persönlichkeit, möglicherweise in Verbindung mit schmerzlichen Erfahrungen; Verlust von etwas, das man liebgewonnen hat, nun aber Platz für Neues machen muß.

14 - Mäßigkeit

Innere Ruhe, Ausgeglichenheit, Gelassenheit, Ausgleich, Geduld, Streben nach Harmonisierung; friedlicher Wandel in aller Stille; Toleranz, Handeln mit Augenmaß; Stabilisierung innerer Werte, innere Bereicherung; Verteilung und Vermischung im rechten Maß und ausgewogenen Verhältnis; etwas in seiner Natur und in seinem eigenen Wesen akzeptieren.

15 - Der Teufel

Bedrängung durch Ängste; Versuchung durch dunkle, unkontrollierbare Kräfte; ein Widersacher; animalische Triebkraft; Sexualität; Reiz des Verbotenen; Zwiespalt; Bedürfnis danach, den Weg des geringsten Widerstandes zu gehen; direktes Einwirken einer höheren Gewalt.

16 - Der Turm

Plötzlicher Umbruch, Unruhe, unerwartete Auseinandersetzung;

Zerstörung, tiefer Fall; Grenzen fallen, Aufgestautes und Unterdrücktes bricht sich Bahn; Klarheit wird hergestellt, die Maske fällt und Idole stürzen, die – womöglich schmerzliche – Wahrheit wird offenbar.

17 - Der Stern

Leuchtfeuer in der Dunkelheit, "Licht am Ende des Tunnels", Hoffnung, gute Perspektiven; Bestimmung; neue Motivation, Zuversicht, Übereinstimmung, Seelenverwandtschaft; ein Ideal, verkörpert durch eine Person oder eine Idee, das aber momentan nicht erreichbar ist.

18 - Der Mond

Stetiger Wandel, schwankendes Erscheinungsbild, Täuschung; sicher ist nur, daß nichts sicher ist; überraschende Wendung; Ungewißheit, Illusion, (schöner) Schein; seelische Krise, eine letzte Prüfung vor einer entscheidenden Veränderung; undurchsichtige Verhältnisse.

19 - Die Sonne

Vitalität, Leben und Lebenskraft; Regeneration, Erneuerung, Reifung, Reinheit, Lebensfreude; Neubeginn; aus dem Zentrum der lebensspendenden Kräfte fließen positive Energien und führen zur Kräftigung von innen heraus; Vorbereitung für den Eintritt in ein neues Stadium, eine neue Lebensphase.

20 - Gericht

Entscheidung, Urteil; zweifelsfreie Gewißheit; Erlösung, Auferstehung, Befreiung, Berufung; das alles entscheidende Wort; Erweckung aus dem Dornröschenschlaf, Ende des Mauerblümchendaseins.

21 - Die Welt

Vollendung, Erfüllung, Integration, Abschluß eines Zyklus, der neue Freiheit und Entfaltung ermöglicht; ein wichtiges Ziel wird erreicht, ein Kreis schließt sich; gleichzeitig wird ein neuer Zyklus von Werden und Vergehen begonnen, denn alles ist in Bewegung und befindet sich in ewigem Wandel.

Anhang III

Zahl und Berufswahl

1 Wird allen Sätteln gerecht, solange genügend Freiraum gewährt wird. Von Bedeutung ist, aus welchen Zahlen sich die 1 ergeben hat, denn daraus sind die beruflichen Neigungen zu ersehen. Oft besteht eine Vorliebe für eine Tätigkeit in der Forschung und für freie Berufe.

2 Psychologen, Therapeuten, Astrologen, Tarot-Berater, Börsenspekulanten, Makler, Vertreter, Werbefachleute.

3 Dienstleistungsgewerbe, Verlags- oder Bankwesen, Gastronomie, pflegerische Tätigkeiten, Film- und Schallplattenproduzenten, Ernährungswesen, Landwirtschaft, Bau- und Immobiliengewerbe, Gartenbau.

4 Techniker, Mechaniker und Handwerker; Menschen in allen Arten von Führungspositionen.

5 Lehrer, Wissenschaftler, beratende Berufe, Geistliche, Computerspezialisten, Journalisten, Fachärzte, Historiker, Bibliothekare, Kritiker; Berufe, in denen höchste Präzision erforderlich ist (z. B. technische Zeichner, Optiker).

6 Kunst und Kunstgewerbe, Musiker, Schriftsteller, Politiker und Diplomaten, Modebranche.

7 Technische Berufe, Verkaufsberufe, Schausteller, Sportler (vorzugsweise Motorsport), alle Medienbereiche, Reise- und Verkehrswesen

8 Verwaltungs- und soziale Berufe, Beamte, Rechtswesen.

9 Philosophen, Wissenschaftler, unabhängige Berater, Korrespondenten, Richter.

Für die Berufszuordnungen sind alle Zahlen von zentraler Bedeutung für die Psyche des Menschen zu berücksichtigen: Eigen-Zahl, Stamm-Zahl, Persönlichkeits-Zahl.

Ein Beispiel zur Erläuterung:

Die Eigen-Zahl ist 1, Stamm-Zahl 7 und Persönlichkeits-Zahl daher 8. Die 1 deutet auf das Bedürfnis nach Unabhängigkeit und Kreativität hin, die 7 steht vornehmlich im Zusammenhang mit selbständigen Berufen. Damit scheidet der öffentliche Dienst (8) aus – es sei denn, der Betreffende würde z. B. Richter oder wäre im Bereich öffentlich-rechtlicher Medien tätig. Auch eine Eignung als Anwalt scheint gegeben zu sein.

Anhang IV

Arbeitsblatt für die numerologische Auswertung (Muster)

A	B	C	D	E	F	G	H	I	J	K	L	M	N	O
1	2	18	4	5	17	3	8	10	10	11	12	13	14	19
P	**Q**	**R**	**S**	**T**	**U**	**V**	**W**	**X**	**Y**	**Z**	**Ä**	**Ö**	**Ü**	**ß**
17	19	20	15	9	6	6	6	21	16	7	6	24	11	30

Vorname/n:

G	Ü	N	T	E	R																				
3	11	14	9	5	20																				

Nachname/n:

H	A	G	E	R																					
8	1	3	5	20																					

Eigen-Zahl +	Stamm-Zahl =	Persönlichkeits-Zahl
62 = 6+2 = 8	37 = 3+7=10 = 1	8+1 = 9

Schicksals-Zahl aus dem Geburtstag:

Tag | Monat | Jahr	Schicksals-Zahl
0 + 6 + 0 + 5 + 1 + 9 + 5 + 4 = 30	3 + 0 = 3

Herz-Zahl:

Vorname Nachname Tag Monat Jahr (Geburtsdatum)

62	37	06	05	1954 = 19
8	1	6	5	1
		11		
9	7	2	6	
16				
7	9	8		
16	17			
7	8			
15				
6				

Strukturierte Auswertung:	
Eigen-Zahl	= 8
Stamm-Zahl	= 1
Persönlichkeits-Zahl	= 9
Herz-Zahl	= 6
Schickals-Monade	= 3
Essenz	= 18 = 9

Arbeitsblatt für die numerologische Auswertung

A	B	C	D	E	F	G	H	I	J	K	L	M	N	O
1	2	18	4	5	17	3	8	10	10	11	12	13	14	19
P	Q	R	S	T	U	V	W	X	Y	Z	Ä	Ö	Ü	ß
17	19	20	15	9	6	6	6	21	16	7	6	24	11	30

Vorname/n:

Nachname/n:

Eigen-Zahl	+ Stamm-Zahl	= Persönlichkeits-Zahl

Schicksals-Zahl aus dem Geburtstag:

Tag	Monat	Jahr	Schicksals-Zahl
+ +	+ +	+ + + =	

Herz-Zahl:

Vorname Nachname Tag Monat Jahr (Geburtsdatum)

Strukturierte Auswertung:

Eigen-Zahl =

Stamm-Zahl =

Persönlichkeits-Zahl =

Herz-Zahl =

Schickals-Monade =

Essenz =

Arbeitsblatt für die numerologische Auswertung

A	B	C	D	E	F	G	H	I	J	K	L	M	N	O
1	2	18	4	5	17	3	8	10	10	11	12	13	14	19
P	Q	R	S	T	U	V	W	X	Y	Z	Ä	Ö	Ü	ß
17	19	20	15	9	6	6	6	21	16	7	6	24	11	30

Vorname/n:

Nachname/n:

Eigen-Zahl	+ Stamm-Zahl	= Persönlichkeits-Zahl

Schicksals-Zahl aus dem Geburtstag:

Tag	Monat	Jahr	Schicksals-Zahl
+ + + + + + + =			

Herz-Zahl:

Vorname Nachname Tag Monat Jahr (Geburtsdatum)

Strukturierte Auswertung:

Eigen-Zahl =
Stamm-Zahl =
Persönlichkeits-Zahl =
Herz-Zahl =
Schickals-Monade =
Essenz =

Arbeitsblatt für die numerologische Auswertung

A	B	C	D	E	F	G	H	I	J	K	L	M	N	O
1	2	18	4	5	17	3	8	10	10	11	12	13	14	19
P	Q	R	S	T	U	V	W	X	Y	Z	Ä	Ö	Ü	ß
17	19	20	15	9	6	6	6	21	16	7	6	24	11	30

Vorname/n:

Nachname/n:

Eigen-Zahl	+ Stamm-Zahl	= Persönlichkeits-Zahl

Schicksals-Zahl aus dem Geburtstag:

Tag	Monat	Jahr	Schicksals-Zahl
+ + + + + + + =			

Herz-Zahl:

Vorname Nachname Tag Monat Jahr (Geburtsdatum)

Strukturierte Auswertung:	
Eigen-Zahl	=
Stamm-Zahl	=
Persönlichkeits-Zahl	=
Herz-Zahl	=
Schickals-Monade	=
Essenz	=

Arbeitsblatt für die numerologische Auswertung

A	B	C	D	E	F	G	H	I	J	K	L	M	N	O
1	2	18	4	5	17	3	8	10	10	11	12	13	14	19
P	**Q**	**R**	**S**	**T**	**U**	**V**	**W**	**X**	**Y**	**Z**	**Ä**	**Ö**	**Ü**	**ß**
17	19	20	15	9	6	6	6	21	16	7	6	24	11	30

Vorname/n:

Nachname/n:

Eigen-Zahl +	Stamm-Zahl =	Persönlichkeits-Zahl

Schicksals-Zahl aus dem Geburtstag:

Tag / Monat / Jahr	Schicksals-Zahl
+ + + + + + + =	

Herz-Zahl:

Vorname Nachname Tag Monat Jahr (Geburtsdatum)

Strukturierte Auswertung:

Eigen-Zahl =

Stamm-Zahl =

Persönlichkeits-Zahl =

Herz-Zahl =

Schickals-Monade =

Essenz =

Arbeitsblatt für die numerologische Auswertung

A	B	C	D	E	F	G	H	I	J	K	L	M	N	O
1	2	18	4	5	17	3	8	10	10	11	12	13	14	19
P	**Q**	**R**	**S**	**T**	**U**	**V**	**W**	**X**	**Y**	**Z**	**Ä**	**Ö**	**Ü**	**ß**
17	19	20	15	9	6	6	6	21	16	7	6	24	11	30

Vorname/n:

Nachname/n:

Eigen-Zahl +	Stamm-Zahl =	Persönlichkeits-Zahl

Schicksals-Zahl aus dem Geburtstag:

Tag	Monat	Jahr	Schicksals-Zahl
+ +	+ +	+ + + =	

Herz-Zahl:

Vorname Nachname Tag Monat Jahr (Geburtsdatum)

Strukturierte Auswertung:

Eigen-Zahl	=
Stamm-Zahl	=
Persönlichkeits-Zahl	=
Herz-Zahl	=
Schickals-Monade	=
Essenz	=

Arbeitsblatt für die numerologische Auswertung

A	B	C	D	E	F	G	H	I	J	K	L	M	N	O
1	2	18	4	5	17	3	8	10	10	11	12	13	14	19
P	**Q**	**R**	**S**	**T**	**U**	**V**	**W**	**X**	**Y**	**Z**	**Ä**	**Ö**	**Ü**	**ß**
17	19	20	15	9	6	6	6	21	16	7	6	24	11	30

Vorname/n:

Nachname/n:

Eigen-Zahl +	Stamm-Zahl =	Persönlichkeits-Zahl

Schicksals-Zahl aus dem Geburtstag:

Tag	Monat	Jahr	Schicksals-Zahl
+ +	+ +	+ + + =	

Herz-Zahl:

Vorname Nachname Tag Monat Jahr (Geburtsdatum)

Strukturierte Auswertung:	
Eigen-Zahl	=
Stamm-Zahl	=
Persönlichkeits-Zahl	=
Herz-Zahl	=
Schickals-Monade	=
Essenz	=

Weiterführende Literatur

Tarot

Douglas, Alfred: Ursprung und Praxis des Tarot. Köln 1986.
Hager, Günter: Tarot – Wege zum Leben. Neuhausen 1988.
–: Kleine Tarot-Praxis. Neuhausen 1991 (6. Aufl.).
Huson, Paul: The Devil's Picturebook. London 1977 (2. Aufl.).
Tarot-Karten:
Arcus Arcanum Tarot, von Hansrudi Wäscher und Günter Hager. Neuhausen 1986.
Stairs of Gold Tarot, von Giorgio Tavaglione. New York 1979.

Zahlensymbolik

Agrippa von Nettesheim, Heinrich Cornelius: Die magischen Werke. Wiesbaden 1988 (3. Aufl.).
Cooper, J. C.: Lexikon der Symbole. Leipzig 1986 und Wiesbaden o. J.
Endres, Franz Carl; Schimmel, Annemarie: Das Mysterium der Zahl. Zahlensymbolik im Kulturvergleich. Köln 1990 (5. Aufl.).
Van der Waerden, B. L.: Die Pythagoreer. Religiöse Bruderschaft und Schule der Wissenschaft. Zürich und München 1979.

Computerprogramm

Als Shareware für PC; zur numerologischen Berechnung nach dem in diesem Buch beschriebenen System: ORAKEL4U von DATA4U. Alfter 1990/91/92.

Weitere Titel der Urania Verlags AG

Mario Montano

Tarot-Spiegel des Lebens

" Der Wer des Tarot liegt darin, wie sehr es unser Bewußtsein im Moment weckt und in der Veränderung, die mit unserer Wahrnehmung geschieht, wie sehr es dich in diesem Moment transformiert und in dem Spaß, den es dir macht, über dich selbst Neues zu erfahren und Deinem Leben eine andere Richtung zu geben." Die Popularität des Waite-Tarot ist vor allem in seiner psychologischen Evidenz begründet: Die einzelnen Bilder sind Facetten eines umfassenden Seelenspiegels, in dem wir die Verknüpfungen unserer Seinsmotive ersehen können. Die Karten geben uns die Fäden für eine bewußte und kreative Lebensgestaltung in die Hand.

Buch, 128 Seiten ISBN 3-908644-53-4
Set (Buch + Karten) ISBN 3-908646-09-X

Günter A. Hager

Tarot - Wege zum Leben

Der Name “Arcus Arcanum” lässt sich aus dem Lateinischen frei übersetzen als “Bogen der Geheimnisse”. Dabei steht die Symbolik des Bogens für die Verbindung zweier Pole oder Seiten, wie dazu entsprechend der Tarot eine Brücke vom Unbewussten ins Bewusste darstellt. In diesem Tarot ist jedes Bild zu einer Gesamtkomposition ausgearbeitet worden und ist durch seine Gestaltung auch besonders für den meditativen Gebrauch geeignet.

Set (Buch + Karten) ISBN 3-908646-01-4

Arcus Arcanum, 78 Karten ISBN 3-905021-31-5

Wege zum Leben, Buch, 195 Seiten, ISBN 3-908644-59-3

Weitere Titel der Urania Verlags AG

Angeles Arrien

Handbuch zum Crowley-Tarot

Praxisbezogene Anleitung zur Interpretation des Aleister-Crowley-Tarots

Dieses Buch beschreibt nicht nur die allgemeine Geschichte und Anwendung des Tarots; sondern im speziellen sind in verschiedenen Kapiteln die Aleister Crowley´s-Thoth-Tarotkarten aus einer völlig neuen Perspektive interpretiert.
Die amerikanische Autorin, Angeles Arrien, Anthropologin und Expertin für die Mythologien, Symbole und Riten verschiedenster Kulturen, offenbart dem Leser eine Vielzahl an Tabellen, Legetechniken und weitere Methodiken, welche Sie selber an über 6.000 Personen erprobt hat. Das Werk ist dank seinem wertvollen Inhalt eine unentbehrliche Hilfe für die Tarotpraxis, und dies sowohl für Schüler als auch Meister dieser Kunst.

Buch, 544 Seiten ISBN 3-908644-78-X

Rodway/Gainsford

Tarot der weisen Frauen

Der alte Weg aus dem traditionsreichen Wissen magischer Kulte von Sylvia Gainsford und Howard Rodway mit Hilfe acht eingeweihter Frauen neu geschaffen. Zusammen mit 78 sensitiv und medial gestalteten Tarotkarten, welche unsere ureigensten weiblichen Energien neu aufleben lassen, ist dieses Set ein feinfühliges Instrument für die Erforschung unseres wahren Ichs.

Set (Buch und Karten) ISBN 3-908646-14-6
78 Karten ISBN 3-905021-34-X
Buch, 160 Seiten ISBN 3-908644-75-7

Weitere Titel der Urania Verlags AG

Gerd Ziegler

Tarot – Spiegel des Seele

"Das Crowley-Thoth-Tarot vereinigt in seinen Bildern eine Vielfalt von Symbolen und verbindet Astrologie, Numerologie, Visualisation mit der Symbolik verschiedenster Weisheitsschulen".
Darum kann dieses Tarot für den Benützer zu einer umfassenden esoterischen Schulung und zu einer Quelle tiefster Erkenntnis werden. Die ausführlichen Deutungen der Karten-Symbole geben Ihnen dazu das Rüstzeug. Lassen Sie sich faszinieren von den farbintensiven, zugleich archaisch-bildhaften wie kunstvoll stilisierten Bildern dieses Tarot-Decks, die nach Skizzen des esoterischen Altmeistes Crowley von Lady Frieda Harris gemalt wurden.
Das Deck wurde in dieser Form erstmals 1977 veröffentlicht und wurde für diese Ausgabe neu von den Originalen reproduziert.

Buch, 144 Seiten ISBN 3-908644-55-0
Set (Buch + Karten), ISBN 3-908644-11-1

Gerd Ziegler

Tarot – Spiegel deiner Beziehungen

Tarot als Spiegel deiner Beziehung zeigt immer wieder, wie ungeklärte Bereiche und Lebenssituationen sich hemmend und belastend auf dem Weg zur persönlichen Verwirklichung und zum spirituellen Wachstum auswirken. Das Spiel mit den Karten bietet eine faszinierende Möglichkeit, Antwort auf Fragen zu unseren Beziehungen zu erhalten. Es eröffnet weitere Dimensionen der Selbstfindung in der Auseinandersetzung mit den Problemen zwischenmenschlicher Beziehungen.
Diese Kombination der Original Aleister Crowley-Thoth-Tarot-Karten mit dem Handbuch von Gerd Ziegler "Tarot – Spiegel deiner Beziehungen" ermöglicht jedem Interessenten, seine Beziehungen als Lernfeld und Hilfe für sein persönliches und spirituelles Wachstum zu erkennen.

Buch, 224 Seiten ISBN 3-908644-65-8
Set (Buch + Karten), ISBN 3-908646-07-3

Weitere Titel der Urania Verlags AG

Aleister Crowley

Das Buch Thoth (Aegyptischer Tarot)

Aleister Crowley gilt in vielen Kreisen als der Schattenmagier schlechthin. In der schillernden Welt des Obskurantismus hat es auch wohl kaum jemanden wie ihn gegeben, der so erfolgreich die dunklen Seiten des Daseins ins Licht zu rücken vermochte. Egal welchem Lager der Meinung, oft genug aus zweiter Hand kommend, man sich zugesellt, dieses Werk über den Tarot ist mit Sicherheit eines der einzigartigsten Grundlagenwerke des Tarot von einem der eigenwilligsten und intelligentesten Vertreter der Esoterik.

Buch, 278 Seiten, ISBN 3-908644-73-9

Jean Freer,

Tarot der Frauen

Diese erste feministische Interpretation des Tarot aus Großbritannien zeigt die Praxis des Tarotspiels und wie unmittelbar daraus Hilfestellungen für die Herausforderungen des täglichen Lebens abgeleitet werden können. Die angewandten Techniken weisen auf Möglichkeiten zur geistigen Entwicklung und Persönlichkeitsbildung hin.
Das "Neue Tarot der Frauen" enthält Hinweise und Vorschläge zur Ausbildung psychischer und magischer Fähigkeiten, die auf Gewaltlosigkeit und menschlicher Wärme beruhen. Im gesamten Text werden grundlegende okkulte Techniken auf ihre Bedeutung angesichts aktueller politischer und sozialer Veränderungen hin untersucht. Für alle, die die frauenbezogenen Aspekte des Heilens und Pflegens zum persönlichen Schutz oder dem des Planeten kennenlernen oder weiterentwickeln wollen, bietet Jean Freer eine ideelle politische Orientierung.
Dieses Buch richtet sich nicht nur an Feministinnen oder erfahrene Tarotspieler, sondern an alle, die sich für die Entwicklung ihrer eigenen Persönlichkeit und das Wohlergehen des Planeten interessieren, auf dem wir leben.

Buch, 176 Seiten, ISBN 3-908644-70-4

Weitere Titel der Urania Verlags AG

Dr. Robert Wang

Tarot Psychologie

Der Jungianische Tarot öffnet die Pforte zur Visualisierung der Vielfältigkeit der Jungianischen Psychologie. Er ist ein Mosaik von aufeinander bezogenen Bildern, basierend auf Begriffen, wie Jung sie in seiner Methode der "Aktiven Imagination" beschreibt. Ihr Ziel ist das Erreichen absoluter Selbsterkenntnis. Der Jungschen Vorstellung von einer Verwandtschaft zwischen Archetypen und dem Tarot folgend wurde das "Jungianische Tarot" von Dr. Robert Wang entwickelt.

Tarot Psychologie Set (Buch + Karten) ISBN 3-921960-73-8

Jungianische Tarotkarten, 78 Karten, ISBN 3-905021-01-3

Tarot Psychologie Buch, 144 Seiten, ISBN 3-908644-58-5

Colette Silvestre

Tarot – Spiegel des Schicksals

"Tarot hat die Macht, die Ereignisse zu beeinflussen, und der Tarot-Wahrsager ist, über die Arkanen, nur ein Bote ...
Dafür ist es aber möglich, auf die Zukunft Einfluß zu nehmen, wenn man die Ereignisse schon in dem Moment kennt, in dem die Befragung stattfindet. Was würde es nützen, die Zukunft zu kennen, wenn man an ihrem Verlauf nicht das Geringste ändern könnte?" Befragen Sie den Spiegel des Schicksals!

Set (Buch + Karten) ISBN 3-921960-48-7

Buch, 143 Seiten ISBN 3-908644-71-2

78 Karten ISBN 3-905021-28-5